国家出版基金项目
NATIONAL PUBLICATION FOUNDATION

中国特色社会主义根本政治制度
人民代表大会制度纪实

总 顾 问 王汉斌
编委会主任 乔晓阳

人大选举和任免工作纪实

主 编 任佩文 副主编 王亚楠

中国出版集团
中国民主法制出版社
全国百佳图书
出 版 单 位

图书在版编目（CIP）数据

人大选举和任免工作纪实/任佩文主编；王亚楠副主编. —北京：中国民主法制出版社，2023.10
（中国特色社会主义根本政治制度：人民代表大会制度纪实/杨积堂，吴高盛主编）
ISBN 978-7-5162-3395-5

Ⅰ. ①人…　Ⅱ. ①任…②王…　Ⅲ. ①全国人民代表大会—选举—工作　Ⅳ. ①D622

中国国家版本馆 CIP 数据核字（2024）第 101305 号

图书出品人：刘海涛
出 版 统 筹：贾兵伟
责 任 编 辑：张　霞

书名/人大选举和任免工作纪实
作者/主　编　任佩文　　副主编　王亚楠

出版·发行/中国民主法制出版社
地址/北京市丰台区右安门外玉林里 7 号（100069）
电话/（010）63055259（总编室）　83910658　63056573（人大系统发行）
传真/（010）63055259
http：// www. npcpub. com
E-mail：mzfz@ npcpub. com
开本/16 开　700 毫米 × 1000 毫米
印张/17　**字数**/164 千字
版本/2024 年 6 月第 1 版　2024 年 6 月第 1 次印刷
印刷/三河市宏图印务有限公司

书号/ISBN 978-7-5162-3395-5
定价/65.00 元

中国特色社会主义根本政治制度
——人民代表大会制度纪实

编 委 会

出版说明

“乔木亭亭倚盖苍，栉风沐雨自担当。”在第一届全国人民代表大会第一次会议上，毛泽东同志向世人宣告：“我们正在做我们的前人从来没有做过的极其光荣伟大的事业。我们的目的一定要达到。我们的目的一定能够达到。”

从1954到2024年，人民代表大会制度已走过70年。为记录人民代表大会制度发展历程，宣传中国特色社会主义根本政治制度，阐释中国特色社会主义道路自信、制度自信，中国民主法制出版社于2017年策划“中国特色社会主义根本政治制度——人民代表大会制度纪实”项目，计划用1600万字20册图书，对人民代表大会制度在我国的建立发展进行较完整的记录。

历时6年，几易框架，无数次讨论修改，最终收稿3000万字。3000万字分理论和纪实两大部分，详述人民代表大会的制度总论、发展历程、自身建设及立法、重大事项决定、选举任免、监督、代表、会议、对外交往等重要工作。理论部分340余万字，其中自身建设、重大事项和对外交往三个板块根据工作实际和写作安排，理论纪实合为一册，归入理论板块。立法、监督、选举任免、代表工作、会议五个板块的纪实部分共计2600余万字。两大部分通过梳理历届全国人民代表大会会议议程，记录我国根本政治制度的发展历程；通过收录全国人民代表大会及其常务委员会会议作出的决定、批准的重大事项等文件及各专门委员会的文件、报告，为研究中国特色人民代表大会制度整理、保存重要文献，宣传实现我国全过程人民民主的重要制度载体的工作机制。

为保持项目的完整性和对人民代表大会制度记录的客观性，同时适应新时代资料保存查阅的新方式新手段，经多次组织专家讨论、内部研究，项目用20册图书、40个视频、1个数据库将这3000余万字全部收录，将人民代表大会制度70年的历程完整记录、如实呈现。其中人大立法工作纪实、人大监督工作纪实、人大会议工作纪实的具体内容均收入“人民代表大会制度纪实”数据库，目录作为索引以图书形式呈现。

项目实施过程中，从总顾问王汉斌同志、编委会主任乔晓阳同志，到刚入校门的大学生，先后百余人参与其中。从框架搭建、内容研讨、资料收集、板块汇编、归类整理到书稿撰写、初稿审读、编辑加工，我们遇到许多意想不到的困难，好在“众人拾柴火焰高”，各方都投入了极大热情，这些困难也一一得到克服。其间，全国人大图书馆、全国人大有关同志给予了我们雪中送炭般的支持。

人民代表大会制度植根于中国历史文化沃土，蕴含着中华文明丰富的政治智慧和治理经验，体现了天下为公、天下大同的社会理想，九州共贯、多元一体的大一统传统，民惟邦本、本固邦宁的民本思想，德主刑辅、法明令行的法治精神。新的伟大征程上，我们要更加坚定制度自信，不断发展具有强大生命力的全过程人民民主。

2024年是中华人民共和国成立75周年，也是全国人民代表大会成立70周年、地方人大设立常委会45周年，谨以“中国特色社会主义根本政治制度——人民代表大会制度纪实”向祖国献礼！

“六年磨一剑”，其中一定还有许多疏漏和不足，我们希望“中国特色社会主义根本政治制度——人民代表大会制度纪实”项目能为坚持好、完善好、运行好人民代表大会制度尽微薄之力。

2024年6月

总序

习近平总书记指出，人民代表大会制度是坚持党的领导、人民当家作主、依法治国有机统一的根本政治制度安排，是党领导国家政权机关的重要制度载体。100 多年前，中国共产党一经诞生，就把为中国人民谋幸福、为中华民族谋复兴确立为自己的初心和使命，为实现人民当家作主进行了不懈探索和奋斗。在新民主主义革命时期，以毛泽东同志为主要代表的中国共产党人，创造性地提出实行人民代表大会制度的构想。1945 年 4 月，毛泽东同志就说："新民主主义的政权组织，应该采取民主集中制，由各级人民代表大会决定大政方针，选举政府。它是民主的，又是集中的，就是说，在民主基础上的集中，在集中指导下的民主。只有这个制度，才既能表现广泛的民主，使各级人民代表大会有高度的权力；又能集中处理国事，使各级政府能集中地处理被各级人民代表大会所委托的一切事务，并保障人民的一切必要的民主活动。"1954 年 9 月，第一届全国人民代表大会第一次会议召开，通过了《中华人民共和国宪法》，标志着人民代表大会制度这一国家根本政治制度正式建立。

经过 70 年的实践发展，人民代表大会制度更加成熟、更加定型，焕发出蓬勃生机活力。2021 年 10 月 13 日习近平在中央人大工作会议上的讲话中强调："实践证明，人民代表大会制度是符合我国国情和实际、体现社会主义国家性质、保证人民当家作主、保障实现中华民族伟大复兴的好制度，是我们党领导人民在人类政治制度史上的伟大创造，是在我国政治发展史乃至世界政治发展史上具有重大意义的全新政治制度。”

70 年来，在中国共产党的领导下，全国人大及其常委会、地方各级人大及其常委会不断探索实践、创新发展，人民代表大会制度的理论体系不断完善，人大工作积累了极其丰富的实践成果。这些理论和实践成果，是进一步坚持好、完善好、运行好人民代表大会制度的重要基石。为了深入贯彻习近平总书记关于坚持和完善人民代表大会制度的重要思想，积极发展全过程人民民主，健全人民当家作主制度体系，继往开来，守正创新，开创人大工作新局面，中国民主法制出版社组织立法机关有关同志、从事人大理论研究的相关学者和人大工作领域的实务专家，对人民代表大会制度的理论和实践进行了全面梳理，形成了“中国特色社会主义根本政治制度——人民代表大会制度纪实”项目，并获得了国家出版基金资助。

项目从人民代表大会制度总论、人民代表大会制度发展历程、人大代表选举制度和人大人事任免制度、人大立法制度、人大代表工作制度、人大讨论决定重大事项制度、人大监督制度、人大会议制度、人大自身建设、人大对外交往工作等十个方面，阐述了“中国特色社会主义根本政治制度——人民代表大会制度”的制度创建、自身建设和发展历程，全面梳理了人大行使立法、监督、决定、选举任免等职权的制度体系，并对人大会议制度、人大代表工作、人大对外交往工作做了详尽汇览。

项目在实施过程中，力图在梳理理论体系的同时，尽量根据现有文献和资料，将人民代表大会制度发展进程中和人大工作全过程各环节相关制度成果加以汇总，为现在和未来的人大工作者、人大理论研究者提供尽可能翔实的人大知识宝库。

这是迄今为止收录内容最为完整的一套人大纪实丛书，为了体现中国特色社会主义根本政治制度的伟力，让更多国人了解和熟悉这一制度的逻辑，每一板块我们都进行了导读设计，从而更有利于读者提纲挈领地加以掌握。

今年是中华人民共和国成立 75 周年，也是全国人民代表大会成立 70 周年。我们谨以“中国特色社会主义根本政治制度——人民代表大会制度纪实”项目，向人民代表大会制度致敬，向祖国献礼。

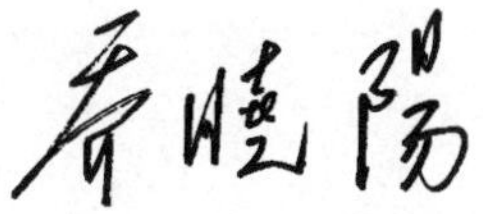

2024 年 6 月

前言

选举任免权，包括选举、任命、决定代理、免职、接受辞职、撤职、罢免等多种形式，是各级人大及其常委会决定和免除国家机关领导人员和其他重要工作人员的一项重要职权。选举任免权首先是一项组织国家机关的权力，同时也是一项对国家机关领导人员实施监督的权力。人大及其常委会的选举任免权，不只是程序性权力，只履行手续而已，而且是一项实质性权力，是各级人民代表大会作为国家权力机关的必然要求和重要体现，是人民当家作主的重要制度保证，是人民代表大会制度的重要特点之一。[1] 选举人大代表属于选举法规定的内容，通常不列入任免权范畴。

---

〔1〕 陈斯喜：《人民代表大会制度概论》，中国民主法制出版社 2016 年版，第 129 页。

目录

/ 第一章 /

选举任免的组织法依据

第一节　中华人民共和国全国人民代表大会组织法

一、历史沿革

人民代表大会制度是我国的根本政治制度，全国人民代表大会是最高国家权力机关，行使宪法和法律赋予的重要职权。全国人大组织法是关于全国人大及其常委会组织制度和工作制度的基本法律，是全国人大及其常委会依法行使职权的重要制度保障，是宪法有关规定的立法实施。1954 年 9 月 20 日，首部全国人大组织法与“五四宪法”在第一届全国人民代表大会第一次会议上同时通过，成为全国人民代表大会成立之后我国最早通过的法律之一。

1982 年 12 月 4 日，第五届全国人民代表大会第五次会议审议通过了现行宪法，在 1954 年宪法的基础上，对国家机构作了一系列新的重要规定，完善了国家的领导体制和政治体制。同年 12 月 10 日，根据新通过的宪法，重新制定了全国人大组织法，总结人民代表大会制度的实践经验、教训，对 1954 年全国人大组织法作了较大的修改和补充完善，对确保最高国家权力机关依法行使职权发挥了重要作用，为改革开放和社会主义现代化建设提供了根本政治制度保障。

1982年全国人大组织法实施近40年，一直没有做过修改。为深入总结人民代表大会制度发展和人大工作的实践经验，进一步巩固深化国家机构改革成果，保证各国家机关更好地分工合作、相互配合，推动人民代表大会制度与时俱进、完善发展，推进国家治理体系和治理能力现代化，全国人大常委会于2019年初启动全国人大组织法的修改工作。2020年8月，第十三届全国人大常委会第二十一次会议对全国人大组织法修正草案进行了初次审议；2020年12月，第十三届全国人大常委会第二十四次会议对全国人大组织法修正草案进行了再次审议；根据2021年3月11日第十三届全国人民代表大会第四次会议《关于修改〈中华人民共和国全国人民代表大会组织法〉的决定》进行修正，自2021年3月12日起施行。现行全国人大组织法增设了“总则”一章；完善了全国人民代表大会主席团和全国人大常委会委员长会议职权相关规定；完善了全国人大专门委员会相关规定；适应监察体制改革需要增加了相关内容；健全了全国人大常委会人事任免权；加强了代表工作。〔1〕

二、中华人民共和国全国人民代表大会组织法

（1982年12月10日第五届全国人民代表大会第五次会议通过　1982年12月10日全国人民代表大会公告公布施行　根据2021年3月11日第十三届全国人民代表大会第四次会议《关于修改〈中华人民共和国全国人民代表大会组织法〉的决定》修正）

---

〔1〕 王晨：《关于〈中华人民共和国全国人民代表大会组织法（修正草案）〉的说明》，中国人大网，http：//www. npc. gov. cn/npc/c30834/202103/1b73e5b8f8f24d4d9-e76d0b5fc1cf938. shtml。

目　　录

第一章　总　　则

第一条　为了健全全国人民代表大会及其常务委员会的组织和工作制度，保障和规范其行使职权，坚持和完善人民代表大会制度，保证人民当家作主，根据宪法，制定本法。

第二条　全国人民代表大会是最高国家权力机关，其常设机关是全国人民代表大会常务委员会。

第三条　全国人民代表大会及其常务委员会坚持中国共产党的领导，坚持以马克思列宁主义、毛泽东思想、邓小平理论、“三个代表”重要思想、科学发展观、习近平新时代中国特色社会主义思想为指导，依照宪法和法律规定行使职权。

第四条　全国人民代表大会由民主选举产生，对人民负责，受人民监督。

全国人民代表大会及其常务委员会坚持全过程民主，始终同人民保持密切联系，倾听人民的意见和建议，体现人民意志，保障人民权益。

第五条　全国人民代表大会及其常务委员会行使国家立法

权，决定重大事项，监督宪法和法律的实施，维护社会主义法制的统一、尊严、权威，建设社会主义法治国家。

第六条 全国人民代表大会及其常务委员会实行民主集中制原则，充分发扬民主，集体行使职权。

第七条 全国人民代表大会及其常务委员会积极开展对外交往，加强同各国议会、国际和地区议会组织的交流与合作。

第二章 全国人民代表大会会议

第八条 全国人民代表大会每届任期五年。

全国人民代表大会会议每年举行一次，由全国人民代表大会常务委员会召集。全国人民代表大会常务委员会认为必要，或者有五分之一以上的全国人民代表大会代表提议，可以临时召集全国人民代表大会会议。

第九条 全国人民代表大会代表选出后，由全国人民代表大会常务委员会代表资格审查委员会进行审查。

全国人民代表大会常务委员会根据代表资格审查委员会提出的报告，确认代表的资格或者确定个别代表的当选无效，在每届全国人民代表大会第一次会议前公布代表名单。

对补选的全国人民代表大会代表，依照前款规定进行代表资格审查。

第十条 全国人民代表大会代表按照选举单位组成代表团。各代表团分别推选代表团团长、副团长。

代表团在每次全国人民代表大会会议举行前，讨论全国人民代表大会常务委员会提出的关于会议的准备事项；在会议期间，对全国人民代表大会的各项议案进行审议，并可以由代表团团长或者由代表团推派的代表，在主席团会议上或者大会全体会议上，代表代表团对审议的议案发表意见。

第十一条　全国人民代表大会每次会议举行预备会议，选举本次会议的主席团和秘书长，通过本次会议的议程和其他准备事项的决定。

主席团和秘书长的名单草案，由全国人民代表大会常务委员会委员长会议提出，经常务委员会会议审议通过后，提交预备会议。

第十二条　主席团主持全国人民代表大会会议。

主席团推选常务主席若干人，召集并主持主席团会议。

主席团推选主席团成员若干人分别担任每次大会全体会议的执行主席，并指定其中一人担任全体会议主持人。

第十三条　全国人民代表大会会议设立秘书处。秘书处由秘书长和副秘书长若干人组成。副秘书长的人选由主席团决定。

秘书处在秘书长领导下，办理主席团交付的事项，处理会议日常事务工作。副秘书长协助秘书长工作。

第十四条　主席团处理下列事项：

（一）根据会议议程决定会议日程；

（二）决定会议期间代表提出议案的截止时间；

（三）听取和审议关于议案处理意见的报告，决定会议期间提出的议案是否列入会议议程；

（四）听取和审议秘书处和有关专门委员会关于各项议案和报告审议、审查情况的报告，决定是否将议案和决定草案、决议草案提请会议表决；

（五）听取主席团常务主席关于国家机构组成人员人选名单的说明，提名由会议选举的国家机构组成人员的人选，依照法定程序确定正式候选人名单；

（六）提出会议选举和决定任命的办法草案；

（七）组织由会议选举或者决定任命的国家机构组成人员的宪法宣誓；

（八）其他应当由主席团处理的事项。

第十五条 主席团常务主席就拟提请主席团审议事项，听取秘书处和有关专门委员会的报告，向主席团提出建议。

主席团常务主席可以对会议日程作必要的调整。

第十六条 全国人民代表大会主席团，全国人民代表大会常务委员会，全国人民代表大会各专门委员会，国务院，中央军事委员会，国家监察委员会，最高人民法院，最高人民检察院，可以向全国人民代表大会提出属于全国人民代表大会职权范围内的议案。

第十七条 一个代表团或者三十名以上的代表联名，可以向全国人民代表大会提出属于全国人民代表大会职权范围内的议案。

第十八条 全国人民代表大会常务委员会委员长、副委员长、秘书长、委员的人选，中华人民共和国主席、副主席的人选，中央军事委员会主席的人选，国家监察委员会主任的人选，最高人民法院院长和最高人民检察院检察长的人选，由主席团提名，经各代表团酝酿协商后，再由主席团根据多数代表的意见确定正式候选人名单。

第十九条 国务院总理和国务院其他组成人员的人选、中央军事委员会除主席以外的其他组成人员的人选，依照宪法的有关规定提名。

第二十条 全国人民代表大会主席团、三个以上的代表团或者十分之一以上的代表，可以提出对全国人民代表大会常务委员会的组成人员，中华人民共和国主席、副主席，国务院和中央军事委员会的组成人员，国家监察委员会主任，最高人民法院院长和最高人民检察院检察长的罢免案，由主席团提请大会审议。

第二十一条　全国人民代表大会会议期间，一个代表团或者三十名以上的代表联名，可以书面提出对国务院以及国务院各部门、国家监察委员会、最高人民法院、最高人民检察院的质询案。

第三章　全国人民代表大会常务委员会

第二十二条　全国人民代表大会常务委员会对全国人民代表大会负责并报告工作。

全国人民代表大会常务委员会每届任期同全国人民代表大会每届任期相同，行使职权到下届全国人民代表大会选出新的常务委员会为止。

第二十三条　全国人民代表大会常务委员会由下列人员组成：

委员长，

副委员长若干人，

秘书长，

委员若干人。

常务委员会的组成人员由全国人民代表大会从代表中选出。

常务委员会的组成人员不得担任国家行政机关、监察机关、审判机关和检察机关的职务；如果担任上述职务，应当向常务委员会辞去常务委员会的职务。

第二十四条 常务委员会委员长主持常务委员会会议和常务委员会的工作。副委员长、秘书长协助委员长工作。副委员长受委员长的委托，可以代行委员长的部分职权。

委员长因为健康情况不能工作或者缺位的时候，由常务委员会在副委员长中推选一人代理委员长的职务，直到委员长恢复健康或者全国人民代表大会选出新的委员长为止。

第二十五条 常务委员会的委员长、副委员长、秘书长组成委员长会议，处理常务委员会的重要日常工作：

（一）决定常务委员会每次会议的会期，拟订会议议程草案，必要时提出调整会议议程的建议；

（二）对向常务委员会提出的议案和质询案，决定交由有关的专门委员会审议或者提请常务委员会全体会议审议；

（三）决定是否将议案和决定草案、决议草案提请常务委员会全体会议表决，对暂不交付表决的，提出下一步处理意见；

（四）通过常务委员会年度工作要点、立法工作计划、监督工作计划、代表工作计划、专项工作规划和工作规范性文件等；

（五）指导和协调各专门委员会的日常工作；

（六）处理常务委员会其他重要日常工作。

第二十六条 常务委员会设立代表资格审查委员会。

代表资格审查委员会的主任委员、副主任委员和委员的人选，由委员长会议在常务委员会组成人员中提名，常务委员会任免。

第二十七条 常务委员会设立办公厅，在秘书长领导下工作。

常务委员会设副秘书长若干人，由委员长提请常务委员会任免。

第二十八条　常务委员会设立法制工作委员会、预算工作委员会和其他需要设立的工作委员会。

工作委员会的主任、副主任和委员由委员长提请常务委员会任免。

香港特别行政区基本法委员会、澳门特别行政区基本法委员会的设立、职责和组成人员任免，依照有关法律和全国人民代表大会有关决定的规定。

第二十九条　委员长会议，全国人民代表大会各专门委员会，国务院，中央军事委员会，国家监察委员会，最高人民法院，最高人民检察院，常务委员会组成人员十人以上联名，可以向常务委员会提出属于常务委员会职权范围内的议案。

第三十条　常务委员会会议期间，常务委员会组成人员十人以上联名，可以向常务委员会书面提出对国务院以及国务院各部门、国家监察委员会、最高人民法院、最高人民检察院的质询案。

第三十一条　常务委员会在全国人民代表大会闭会期间，根据国务院总理的提名，可以决定国务院其他组成人员的任免；根据中央军事委员会主席的提名，可以决定中央军事委员会其他组成人员的任免。

第三十二条　常务委员会在全国人民代表大会闭会期间，根据委员长会议、国务院总理的提请，可以决定撤销国务院其他个别组成人员的职务；根据中央军事委员会主席的提请，可以决定撤销中央军事委员会其他个别组成人员的职务。

第三十三条　常务委员会在全国人民代表大会每次会议举行的时候，必须向全国人民代表大会提出工作报告。

第四章　全国人民代表大会各委员会

第三十四条　全国人民代表大会设立民族委员会、宪法和法律委员会、监察和司法委员会、财政经济委员会、教育科学文化卫生委员会、外事委员会、华侨委员会、环境与资源保护委员会、农业与农村委员会、社会建设委员会和全国人民代表大会认为需要设立的其他专门委员会。各专门委员会受全国人民代表大会领导；在全国人民代表大会闭会期间，受全国人民代表大会常务委员会领导。

各专门委员会由主任委员、副主任委员若干人和委员若干人组成。

各专门委员会的主任委员、副主任委员和委员的人选由主席团在代表中提名，全国人民代表大会会议表决通过。在大会闭会期间，全国人民代表大会常务委员会可以任免专门委员会的副主任委员和委员，由委员长会议提名，常务委员会会议表决通过。

第三十五条　各专门委员会每届任期同全国人民代表大会每届任期相同，履行职责到下届全国人民代表大会产生新的专门委员会为止。

第三十六条　各专门委员会主任委员主持委员会会议和委员会的工作。副主任委员协助主任委员工作。

各专门委员会可以根据工作需要，任命专家若干人为顾问；顾问可以列席专门委员会会议，发表意见。

顾问由全国人民代表大会常务委员会任免。

第三十七条　各专门委员会的工作如下：

（一）审议全国人民代表大会主席团或者全国人民代表大会

常务委员会交付的议案；

（二）向全国人民代表大会主席团或者全国人民代表大会常务委员会提出属于全国人民代表大会或者全国人民代表大会常务委员会职权范围内同本委员会有关的议案，组织起草法律草案和其他议案草案；

（三）承担全国人民代表大会常务委员会听取和审议专项工作报告有关具体工作；

（四）承担全国人民代表大会常务委员会执法检查的具体组织实施工作；

（五）承担全国人民代表大会常务委员会专题询问有关具体工作；

（六）按照全国人民代表大会常务委员会工作安排，听取国务院有关部门和国家监察委员会、最高人民法院、最高人民检察院的专题汇报，提出建议；

（七）对属于全国人民代表大会或者全国人民代表大会常务委员会职权范围内同本委员会有关的问题，进行调查研究，提出建议；

（八）审议全国人民代表大会常务委员会交付的被认为同宪法、法律相抵触的国务院的行政法规、决定和命令，国务院各部门的命令、指示和规章，国家监察委员会的监察法规，省、自治区、直辖市和设区的市、自治州的人民代表大会及其常务委员会的地方性法规和决定、决议，省、自治区、直辖市和设区的市、自治州的人民政府的决定、命令和规章，民族自治地方的自治条例和单行条例，经济特区法规，以及最高人民法院、最高人民检察院具体应用法律问题的解释，提出意见；

（九）审议全国人民代表大会主席团或者全国人民代表大会常务委员会交付的质询案，听取受质询机关对质询案的答复，必要的时候向全国人民代表大会主席团或者全国人民代表大会常务委员会提出报告；

（十）研究办理代表建议、批评和意见，负责有关建议、批评和意见的督促办理工作；

（十一）按照全国人民代表大会常务委员会的安排开展对外交往；

（十二）全国人民代表大会及其常务委员会交办的其他工作。

第三十八条 民族委员会可以对加强民族团结问题进行调查研究，提出建议；审议自治区报请全国人民代表大会常务委员会批准的自治区的自治条例和单行条例，向全国人民代表大会常务委员会提出报告。

第三十九条 宪法和法律委员会承担推动宪法实施、开展宪法解释、推进合宪性审查、加强宪法监督、配合宪法宣传等工作职责。

宪法和法律委员会统一审议向全国人民代表大会或者全国人民代表大会常务委员会提出的法律草案和有关法律问题的决定草案；其他专门委员会就有关草案向宪法和法律委员会提出意见。

第四十条 财政经济委员会对国务院提出的国民经济和社会发展计划草案、规划纲要草案、中央和地方预算草案、中央决算草案以及相关报告和调整方案进行审查，提出初步审查意见、审查结果报告；其他专门委员会可以就有关草案和报告向财政经济委员会提出意见。

第四十一条 全国人民代表大会或者全国人民代表大会常务委员会可以组织对于特定问题的调查委员会。调查委员会的组织和工作，由全国人民代表大会或者全国人民代表大会常务委员会决定。

第五章　全国人民代表大会代表

第四十二条　全国人民代表大会代表每届任期五年，从每届全国人民代表大会举行第一次会议开始，到下届全国人民代表大会举行第一次会议为止。

第四十三条　全国人民代表大会代表必须模范地遵守宪法和法律，保守国家秘密，并且在自己参加的生产、工作和社会活动中，协助宪法和法律的实施。

第四十四条　全国人民代表大会代表应当同原选举单位和人民保持密切联系，可以列席原选举单位的人民代表大会会议，通过多种方式听取和反映人民的意见和要求，努力为人民服务，充分发挥在全过程民主中的作用。

第四十五条　全国人民代表大会常务委员会和各专门委员会、工作委员会应当同代表保持密切联系，听取代表的意见和建议，支持和保障代表依法履职，扩大代表对各项工作的参与，充分发挥代表作用。

全国人民代表大会常务委员会建立健全常务委员会组成人员和各专门委员会、工作委员会联系代表的工作机制。

全国人民代表大会常务委员会办事机构和工作机构为代表履行职责提供服务保障。

第四十六条　全国人民代表大会代表向全国人民代表大会或者全国人民代表大会常务委员会提出的对各方面工作的建议、批评和意见，由全国人民代表大会常务委员会办事机构交由有关机关、组织研究办理并负责答复。

对全国人民代表大会代表提出的建议、批评和意见，有关机关、组织应当与代表联系沟通，充分听取意见，介绍有关情况，认真研究办理，及时予以答复。

全国人民代表大会有关专门委员会和常务委员会办事机构应当加强对办理工作的督促检查。常务委员会办事机构每年向常务委员会报告代表建议、批评和意见的办理情况，并予以公开。

第四十七条 全国人民代表大会代表在出席全国人民代表大会会议和执行其他属于代表的职务的时候，国家根据实际需要给予适当的补贴和物质上的便利。

第四十八条 全国人民代表大会代表、全国人民代表大会常务委员会的组成人员，在全国人民代表大会和全国人民代表大会常务委员会各种会议上的发言和表决，不受法律追究。

第四十九条 全国人民代表大会代表非经全国人民代表大会主席团许可，在全国人民代表大会闭会期间非经全国人民代表大会常务委员会许可，不受逮捕或者刑事审判。

全国人民代表大会代表如果因为是现行犯被拘留，执行拘留的公安机关应当立即向全国人民代表大会主席团或者全国人民代表大会常务委员会报告。

第二节 中华人民共和国国务院组织法

一、历史沿革

1954 年 9 月 21 日第一届全国人民代表大会第一次会议通过《中华人民共和国国务院组织法》，共 9 条，主要规定了国务院各部门的设置和调整程序；国务院各部门负责人及其副职、助理的设置；国务院的会议制度；国务院直属机构的设置和调整；国务院办公机构的设置；国务院秘书厅的设置；国务院人事任免权的设置等内容。[1] 1954 年国务院组织法列举国务院各部、各委员会具体名称后，有关国务院机构的改革，没有采取修改国务院组织法的方式，而是采取由全国人大及其常委会作出决定的方式进行。

1982 年 12 月 10 日，第五届全国人民代表大会第五次会议通过了现行国务院组织法。该法没有分章，共 11 条，重申了宪法相关规定，明确了国务院的会议制度、行为方式、国务委员的职责、国务院秘书长的设置、国务院部委的设置程序、国务院直属机构与办事机构的设置以及国务院各部门的领导副职制度等。1982 年国务院组织法不再列举国务院各部、各委员会具体名称，有关国务院机构改革，沿袭由全国人大及其常委会作出决定的方式。根据国务院组织法，国务院各部、各委员会的设立、撤销或合并，经国务院总理提出，由全国人大决定；在全国人大闭会期间，由全国人大常委会决定。

二、中华人民共和国国务院组织法

（1982 年 12 月 10 日第五届全国人民代表大会第五次会议通过　1982 年 12 月 10 日全国人民代表大会常务委员会委员长令第十四号公布施行）

第一条　根据中华人民共和国宪法有关国务院的规定，制定本组织法。

---

〔1〕 赵明明：《论〈国务院组织法〉的修改》，《武汉大学学报》2018 年硕士论文，第 3 页。

第二条 国务院由总理、副总理、国务委员、各部部长、各委员会主任、审计长、秘书长组成。

国务院实行总理负责制。总理领导国务院的工作。副总理、国务委员协助总理工作。

第三条 国务院行使宪法第八十九条规定的职权。

第四条 国务院会议分为国务院全体会议和国务院常务会议。国务院全体会议由国务院全体成员组成。国务院常务会议由总理、副总理、国务委员、秘书长组成。总理召集和主持国务院全体会议和国务院常务会议。国务院工作中的重大问题，必须经国务院常务会议或者国务院全体会议讨论决定。

第五条 国务院发布的决定、命令和行政法规，向全国人民代表大会或者全国人民代表大会常务委员会提出的议案，任免人员，由总理签署。

第六条 国务委员受总理委托，负责某些方面的工作或者专项任务，并且可以代表国务院进行外事活动。

第七条 国务院秘书长在总理领导下，负责处理国务院的日常工作。

国务院设副秘书长若干人，协助秘书长工作。

国务院设立办公厅，由秘书长领导。

第八条 国务院各部、各委员会的设立、撤销或者合并，经总理提出，由全国人民代表大会决定；在全国人民代表大会闭会期间，由全国人民代表大会常务委员会决定。

第九条 各部设部长一人，副部长二至四人。各委员会设主任一人，副主任二至四人，委员五至十人。

各部、各委员会实行部长、主任负责制。各部部长、各委员会主任领导本部门的工作，召集和主持部务会议或者委员会会议、委务会议，签署上报国务院的重要请示、报告和下达的命令、指示。副部长、副主任协助部长、主任工作。

第十条　各部、各委员会工作中的方针、政策、计划和重大行政措施，应向国务院请示报告，由国务院决定。根据法律和国务院的决定，主管部、委员会可以在本部门的权限内发布命令、指示和规章。

第十一条　国务院可以根据工作需要和精简的原则，设立若干直属机构主管各项专门业务，设立若干办事机构协助总理办理专门事项。每个机构设负责人二至五人。

第三节　中华人民共和国监察法

一、情况概述[1]

党的十九大报告明确提出："制定国家监察法，依法赋予监察委员会职责权限和调查手段，以留置取代'两规'措施。"监察法是反腐败国家立法，是一部对国家监察工作起统领性和基础性作用的法律。监察法立法工作遵循以下思路和原则：一是坚持正确政治方向。严格遵循党中央确定的指导思想、基本原则和改革要求，把坚持和加强党对反腐败工作的集中统一领导作为根本政治原则贯穿立法全过程和各方面。二是坚持与宪法修改保持一

〔1〕 李建国：《关于〈中华人民共和国监察法（草案）〉的说明》，中国人大网，http：//www.npc.gov.cn/zgrdw/npc/xinwen/2018－03/21/content_2052363.htm。

致。宪法是国家各种制度和法律法规的总依据。监察法草案相关内容及表述均与本次宪法修改关于监察委员会的各项规定相衔接、相统一。三是坚持问题导向。着力解决我国监察体制机制中存在的突出问题。四是坚持科学立法、民主立法、依法立法。坚决贯彻落实党中央决策部署，充分吸收各方面意见，认真回应社会关切，严格依法按程序办事，使草案内容科学合理、协调衔接，制定一部高质量的监察法。

监察法分为9章，共69条，2018年3月20日第十三届全国人民代表大会第一次会议通过。主要内容是：明确了监察工作的指导思想和领导体制；明确了监察工作的原则和方针；明确了监察委员会的产生和职责；实现了对所有行使公权力的公职人员监察全覆盖；赋予了监察机关必要的权限；严格规范了监察程序；加强了对监察机关和监察人员的监督。

二、中华人民共和国监察法

(2018年3月20日第十三届全国人民代表大会第一次会议通过)

目　　录

第一章　总　　则

第一条　为了深化国家监察体制改革，加强对所有行使公权力的公职人员的监督，实现国家监察全面覆盖，深入开展反腐败工作，推进国家治理体系和治理能力现代化，根据宪法，制定本法。

第二条　坚持中国共产党对国家监察工作的领导，以马克思列宁主义、毛泽东思想、邓小平理论、“三个代表”重要思想、科学发展观、习近平新时代中国特色社会主义思想为指导，构建集中统一、权威高效的中国特色国家监察体制。

第三条　各级监察委员会是行使国家监察职能的专责机关，依照本法对所有行使公权力的公职人员（以下称公职人员）进行监察，调查职务违法和职务犯罪，开展廉政建设和反腐败工作，维护宪法和法律的尊严。

第四条　监察委员会依照法律规定独立行使监察权，不受行政机关、社会团体和个人的干涉。

监察机关办理职务违法和职务犯罪案件，应当与审判机关、检察机关、执法部门互相配合，互相制约。

监察机关在工作中需要协助的，有关机关和单位应当根据监察机关的要求依法予以协助。

第五条　国家监察工作严格遵照宪法和法律，以事实为根据，以法律为准绳；在适用法律上一律平等，保障当事人的合法权益；权责对等，严格监督；惩戒与教育相结合，宽严相济。

第六条 国家监察工作坚持标本兼治、综合治理，强化监督问责，严厉惩治腐败；深化改革、健全法治，有效制约和监督权力；加强法治教育和道德教育，弘扬中华优秀传统文化，构建不敢腐、不能腐、不想腐的长效机制。

第二章 监察机关及其职责

第七条 中华人民共和国国家监察委员会是最高监察机关。

省、自治区、直辖市、自治州、县、自治县、市、市辖区设立监察委员会。

第八条 国家监察委员会由全国人民代表大会产生，负责全国监察工作。

国家监察委员会由主任、副主任若干人、委员若干人组成，主任由全国人民代表大会选举，副主任、委员由国家监察委员会主任提请全国人民代表大会常务委员会任免。

国家监察委员会主任每届任期同全国人民代表大会每届任期相同，连续任职不得超过两届。

国家监察委员会对全国人民代表大会及其常务委员会负责，并接受其监督。

第九条 地方各级监察委员会由本级人民代表大会产生，负责本行政区域内的监察工作。

地方各级监察委员会由主任、副主任若干人、委员若干人组成，主任由本级人民代表大会选举，副主任、委员由监察委员会主任提请本级人民代表大会常务委员会任免。

地方各级监察委员会主任每届任期同本级人民代表大会每届

任期相同。

地方各级监察委员会对本级人民代表大会及其常务委员会和上一级监察委员会负责，并接受其监督。

第十条　国家监察委员会领导地方各级监察委员会的工作，上级监察委员会领导下级监察委员会的工作。

第十一条　监察委员会依照本法和有关法律规定履行监督、调查、处置职责：

（一）对公职人员开展廉政教育，对其依法履职、秉公用权、廉洁从政从业以及道德操守情况进行监督检查；

（二）对涉嫌贪污贿赂、滥用职权、玩忽职守、权力寻租、利益输送、徇私舞弊以及浪费国家资财等职务违法和职务犯罪进行调查；

（三）对违法的公职人员依法作出政务处分决定；对履行职责不力、失职失责的领导人员进行问责；对涉嫌职务犯罪的，将调查结果移送人民检察院依法审查、提起公诉；向监察对象所在单位提出监察建议。

第十二条　各级监察委员会可以向本级中国共产党机关、国家机关、法律法规授权或者委托管理公共事务的组织和单位以及所管辖的行政区域、国有企业等派驻或者派出监察机构、监察专员。

监察机构、监察专员对派驻或者派出它的监察委员会负责。

第十三条　派驻或者派出的监察机构、监察专员根据授权，按照管理权限依法对公职人员进行监督，提出监察建议，依法对公职人员进行调查、处置。

第十四条　国家实行监察官制度，依法确定监察官的等级设置、任免、考评和晋升等制度。

第三章　监察范围和管辖

第十五条　监察机关对下列公职人员和有关人员进行监察：

（一）中国共产党机关、人民代表大会及其常务委员会机关、人民政府、监察委员会、人民法院、人民检察院、中国人民政治协商会议各级委员会机关、民主党派机关和工商业联合会机关的公务员，以及参照《中华人民共和国公务员法》管理的人员；

（二）法律、法规授权或者受国家机关依法委托管理公共事务的组织中从事公务的人员；

（三）国有企业管理人员；

（四）公办的教育、科研、文化、医疗卫生、体育等单位中从事管理的人员；

（五）基层群众性自治组织中从事管理的人员；

（六）其他依法履行公职的人员。

第十六条　各级监察机关按照管理权限管辖本辖区内本法第十五条规定的人员所涉监察事项。

上级监察机关可以办理下一级监察机关管辖范围内的监察事项，必要时也可以办理所辖各级监察机关管辖范围内的监察事项。

监察机关之间对监察事项的管辖有争议的，由其共同的上级监察机关确定。

第十七条　上级监察机关可以将其所管辖的监察事项指定下级监察机关管辖，也可以将下级监察机关有管辖权的监察事项指定给其他监察机关管辖。

监察机关认为所管辖的监察事项重大、复杂，需要由上级监察机关管辖的，可以报请上级监察机关管辖。

第四章　监察权限

第十八条　监察机关行使监督、调查职权，有权依法向有关单位和个人了解情况，收集、调取证据。有关单位和个人应当如实提供。

监察机关及其工作人员对监督、调查过程中知悉的国家秘密、商业秘密、个人隐私，应当保密。

任何单位和个人不得伪造、隐匿或者毁灭证据。

第十九条　对可能发生职务违法的监察对象，监察机关按照管理权限，可以直接或者委托有关机关、人员进行谈话或者要求说明情况。

第二十条　在调查过程中，对涉嫌职务违法的被调查人，监察机关可以要求其就涉嫌违法行为作出陈述，必要时向被调查人出具书面通知。

对涉嫌贪污贿赂、失职渎职等职务犯罪的被调查人，监察机关可以进行讯问，要求其如实供述涉嫌犯罪的情况。

第二十一条　在调查过程中，监察机关可以询问证人等人员。

第二十二条　被调查人涉嫌贪污贿赂、失职渎职等严重职务违法或者职务犯罪，监察机关已经掌握其部分违法犯罪事实及证据，仍有重要问题需要进一步调查，并有下列情形之一的，经监察机关依法审批，可以将其留置在特定场所：

（一）涉及案情重大、复杂的；

（二）可能逃跑、自杀的；

（三）可能串供或者伪造、隐匿、毁灭证据的；

（四）可能有其他妨碍调查行为的。

对涉嫌行贿犯罪或者共同职务犯罪的涉案人员，监察机关可以依照前款规定采取留置措施。

留置场所的设置、管理和监督依照国家有关规定执行。

第二十三条 监察机关调查涉嫌贪污贿赂、失职渎职等严重职务违法或者职务犯罪，根据工作需要，可以依照规定查询、冻结涉案单位和个人的存款、汇款、债券、股票、基金份额等财产。有关单位和个人应当配合。

冻结的财产经查明与案件无关的，应当在查明后三日内解除冻结，予以退还。

第二十四条 监察机关可以对涉嫌职务犯罪的被调查人以及可能隐藏被调查人或者犯罪证据的人的身体、物品、住处和其他有关地方进行搜查。在搜查时，应当出示搜查证，并有被搜查人或者其家属等见证人在场。

搜查女性身体，应当由女性工作人员进行。

监察机关进行搜查时，可以根据工作需要提请公安机关配合。公安机关应当依法予以协助。

第二十五条 监察机关在调查过程中，可以调取、查封、扣押用以证明被调查人涉嫌违法犯罪的财物、文件和电子数据等信息。采取调取、查封、扣押措施，应当收集原物原件，会同持有人或者保管人、见证人，当面逐一拍照、登记、编号，开列清单，由在场人员当场核对、签名，并将清单副本交财物、文件的持有人或者保管人。

对调取、查封、扣押的财物、文件，监察机关应当设立专用账户、专门场所，确定专门人员妥善保管，严格履行交接、调取手续，定期对账核实，不得毁损或者用于其他目的。对价值不明物品应当及时鉴定，专门封存保管。

查封、扣押的财物、文件经查明与案件无关的，应当在查明后三日内解除查封、扣押，予以退还。

第二十六条　监察机关在调查过程中，可以直接或者指派、聘请具有专门知识、资格的人员在调查人员主持下进行勘验检查。勘验检查情况应当制作笔录，由参加勘验检查的人员和见证人签名或者盖章。

第二十七条　监察机关在调查过程中，对于案件中的专门性问题，可以指派、聘请有专门知识的人进行鉴定。鉴定人进行鉴定后，应当出具鉴定意见，并且签名。

第二十八条　监察机关调查涉嫌重大贪污贿赂等职务犯罪，根据需要，经过严格的批准手续，可以采取技术调查措施，按照规定交有关机关执行。

批准决定应当明确采取技术调查措施的种类和适用对象，自签发之日起三个月以内有效；对于复杂、疑难案件，期限届满仍有必要继续采取技术调查措施的，经过批准，有效期可以延长，每次不得超过三个月。对于不需要继续采取技术调查措施的，应当及时解除。

第二十九条　依法应当留置的被调查人如果在逃，监察机关可以决定在本行政区域内通缉，由公安机关发布通缉令，追捕归案。通缉范围超出本行政区域的，应当报请有权决定的上级监察机关决定。

第三十条　监察机关为防止被调查人及相关人员逃匿境外，经省级以上监察机关批准，可以对被调查人及相关人员采取限制出境措施，由公安机关依法执行。对于不需要继续采取限制出境措施的，应当及时解除。

第三十一条 涉嫌职务犯罪的被调查人主动认罪认罚，有下列情形之一的，监察机关经领导人员集体研究，并报上一级监察机关批准，可以在移送人民检察院时提出从宽处罚的建议：

（一）自动投案，真诚悔罪悔过的；

（二）积极配合调查工作，如实供述监察机关还未掌握的违法犯罪行为的；

（三）积极退赃，减少损失的；

（四）具有重大立功表现或者案件涉及国家重大利益等情形的。

第三十二条 职务违法犯罪的涉案人员揭发有关被调查人职务违法犯罪行为，查证属实的，或者提供重要线索，有助于调查其他案件的，监察机关经领导人员集体研究，并报上一级监察机关批准，可以在移送人民检察院时提出从宽处罚的建议。

第三十三条 监察机关依照本法规定收集的物证、书证、证人证言、被调查人供述和辩解、视听资料、电子数据等证据材料，在刑事诉讼中可以作为证据使用。

监察机关在收集、固定、审查、运用证据时，应当与刑事审判关于证据的要求和标准相一致。

以非法方法收集的证据应当依法予以排除，不得作为案件处置的依据。

第三十四条 人民法院、人民检察院、公安机关、审计机关等国家机关在工作中发现公职人员涉嫌贪污贿赂、失职渎职等职务违法或者职务犯罪的问题线索，应当移送监察机关，由监察机关依法调查处置。

被调查人既涉嫌严重职务违法或者职务犯罪，又涉嫌其他违法犯罪的，一般应当由监察机关为主调查，其他机关予以协助。

第五章　监察程序

第三十五条　监察机关对于报案或者举报，应当接受并按照有关规定处理。对于不属于本机关管辖的，应当移送主管机关处理。

第三十六条　监察机关应当严格按照程序开展工作，建立问题线索处置、调查、审理各部门相互协调、相互制约的工作机制。

监察机关应当加强对调查、处置工作全过程的监督管理，设立相应的工作部门履行线索管理、监督检查、督促办理、统计分析等管理协调职能。

第三十七条　监察机关对监察对象的问题线索，应当按照有关规定提出处置意见，履行审批手续，进行分类办理。线索处置情况应当定期汇总、通报，定期检查、抽查。

第三十八条　需要采取初步核实方式处置问题线索的，监察机关应当依法履行审批程序，成立核查组。初步核实工作结束后，核查组应当撰写初步核实情况报告，提出处理建议。承办部门应当提出分类处理意见。初步核实情况报告和分类处理意见报监察机关主要负责人审批。

第三十九条　经过初步核实，对监察对象涉嫌职务违法犯罪，需要追究法律责任的，监察机关应当按照规定的权限和程序办理立案手续。

监察机关主要负责人依法批准立案后，应当主持召开专题会议，研究确定调查方案，决定需要采取的调查措施。

立案调查决定应当向被调查人宣布，并通报相关组织。涉嫌严重职务违法或者职务犯罪的，应当通知被调查人家属，并向社会公开发布。

第四十条 监察机关对职务违法和职务犯罪案件，应当进行调查，收集被调查人有无违法犯罪以及情节轻重的证据，查明违法犯罪事实，形成相互印证、完整稳定的证据链。

严禁以威胁、引诱、欺骗及其他非法方式收集证据，严禁侮辱、打骂、虐待、体罚或者变相体罚被调查人和涉案人员。

第四十一条 调查人员采取讯问、询问、留置、搜查、调取、查封、扣押、勘验检查等调查措施，均应当依照规定出示证件，出具书面通知，由二人以上进行，形成笔录、报告等书面材料，并由相关人员签名、盖章。

调查人员进行讯问以及搜查、查封、扣押等重要取证工作，应当对全过程进行录音录像，留存备查。

第四十二条 调查人员应当严格执行调查方案，不得随意扩大调查范围、变更调查对象和事项。

对调查过程中的重要事项，应当集体研究后按程序请示报告。

第四十三条 监察机关采取留置措施，应当由监察机关领导人员集体研究决定。设区的市级以下监察机关采取留置措施，应当报上一级监察机关批准。省级监察机关采取留置措施，应当报国家监察委员会备案。

留置时间不得超过三个月。在特殊情况下，可以延长一次，延长时间不得超过三个月。省级以下监察机关采取留置措施的，延长留置时间应当报上一级监察机关批准。监察机关发现采取留置措施不当的，应当及时解除。

监察机关采取留置措施，可以根据工作需要提请公安机关配合。公安机关应当依法予以协助。

第四十四条　对被调查人采取留置措施后，应当在二十四小时以内，通知被留置人员所在单位和家属，但有可能毁灭、伪造证据，干扰证人作证或者串供等有碍调查情形的除外。有碍调查的情形消失后，应当立即通知被留置人员所在单位和家属。

监察机关应当保障被留置人员的饮食、休息和安全，提供医疗服务。讯问被留置人员应当合理安排讯问时间和时长，讯问笔录由被讯问人阅看后签名。

被留置人员涉嫌犯罪移送司法机关后，被依法判处管制、拘役和有期徒刑的，留置一日折抵管制二日，折抵拘役、有期徒刑一日。

第四十五条　监察机关根据监督、调查结果，依法作出如下处置：

（一）对有职务违法行为但情节较轻的公职人员，按照管理权限，直接或者委托有关机关、人员，进行谈话提醒、批评教育、责令检查，或者予以诫勉；

（二）对违法的公职人员依照法定程序作出警告、记过、记大过、降级、撤职、开除等政务处分决定；

（三）对不履行或者不正确履行职责负有责任的领导人员，按照管理权限对其直接作出问责决定，或者向有权作出问责决定的机关提出问责建议；

（四）对涉嫌职务犯罪的，监察机关经调查认为犯罪事实清楚，证据确实、充分的，制作起诉意见书，连同案卷材料、证据一并移送人民检察院依法审查、提起公诉；

（五）对监察对象所在单位廉政建设和履行职责存在的问题

等提出监察建议。

监察机关经调查，对没有证据证明被调查人存在违法犯罪行为的，应当撤销案件，并通知被调查人所在单位。

第四十六条 监察机关经调查，对违法取得的财物，依法予以没收、追缴或者责令退赔；对涉嫌犯罪取得的财物，应当随案移送人民检察院。

第四十七条 对监察机关移送的案件，人民检察院依照《中华人民共和国刑事诉讼法》对被调查人采取强制措施。

人民检察院经审查，认为犯罪事实已经查清，证据确实、充分，依法应当追究刑事责任的，应当作出起诉决定。

人民检察院经审查，认为需要补充核实的，应当退回监察机关补充调查，必要时可以自行补充侦查。对于补充调查的案件，应当在一个月内补充调查完毕。补充调查以二次为限。

人民检察院对于有《中华人民共和国刑事诉讼法》规定的不起诉的情形的，经上一级人民检察院批准，依法作出不起诉的决定。监察机关认为不起诉的决定有错误的，可以向上一级人民检察院提请复议。

第四十八条 监察机关在调查贪污贿赂、失职渎职等职务犯罪案件过程中，被调查人逃匿或者死亡，有必要继续调查的，经省级以上监察机关批准，应当继续调查并作出结论。被调查人逃匿，在通缉一年后不能到案，或者死亡的，由监察机关提请人民检察院依照法定程序，向人民法院提出没收违法所得的申请。

第四十九条 监察对象对监察机关作出的涉及本人的处理决定不服的，可以在收到处理决定之日起一个月内，向作出决定的监察机关申请复审，复审机关应当在一个月内作出复审决定；监察对象对复审决定仍不服的，可以在收到复审决定之日起一个月内，向上一级监察机关申请复核，复核机关应当在二个月内作出复核决定。复审、复核期间，不停止原处理决定的执行。复核机关经审查，认定处理决定有错误的，原处理机关应当及时予以纠正。

第六章　反腐败国际合作

第五十条　国家监察委员会统筹协调与其他国家、地区、国际组织开展的反腐败国际交流、合作，组织反腐败国际条约实施工作。

第五十一条　国家监察委员会组织协调有关方面加强与有关国家、地区、国际组织在反腐败执法、引渡、司法协助、被判刑人的移管、资产追回和信息交流等领域的合作。

第五十二条　国家监察委员会加强对反腐败国际追逃追赃和防逃工作的组织协调，督促有关单位做好相关工作：

（一）对于重大贪污贿赂、失职渎职等职务犯罪案件，被调查人逃匿到国（境）外，掌握证据比较确凿的，通过开展境外追逃合作，追捕归案；

（二）向赃款赃物所在国请求查询、冻结、扣押、没收、追缴、返还涉案资产；

（三）查询、监控涉嫌职务犯罪的公职人员及其相关人员进出国（境）和跨境资金流动情况，在调查案件过程中设置防逃程序。

第七章　对监察机关和监察人员的监督

第五十三条　各级监察委员会应当接受本级人民代表大会及其常务委员会的监督。

各级人民代表大会常务委员会听取和审议本级监察委员会的专项工作报告，组织执法检查。

县级以上各级人民代表大会及其常务委员会举行会议时，人民代表大会代表或者常务委员会组成人员可以依照法律规定的程序，就监察工作中的有关问题提出询问或者质询。

第五十四条 监察机关应当依法公开监察工作信息，接受民主监督、社会监督、舆论监督。

第五十五条 监察机关通过设立内部专门的监督机构等方式，加强对监察人员执行职务和遵守法律情况的监督，建设忠诚、干净、担当的监察队伍。

第五十六条 监察人员必须模范遵守宪法和法律，忠于职守、秉公执法，清正廉洁、保守秘密；必须具有良好的政治素质，熟悉监察业务，具备运用法律、法规、政策和调查取证等能力，自觉接受监督。

第五十七条 对于监察人员打听案情、过问案件、说情干预的，办理监察事项的监察人员应当及时报告。有关情况应当登记备案。

发现办理监察事项的监察人员未经批准接触被调查人、涉案人员及其特定关系人，或者存在交往情形的，知情人应当及时报告。有关情况应当登记备案。

第五十八条 办理监察事项的监察人员有下列情形之一的，应当自行回避，监察对象、检举人及其他有关人员也有权要求其回避：

（一）是监察对象或者检举人的近亲属的；

（二）担任过本案的证人的；

（三）本人或者其近亲属与办理的监察事项有利害关系的；

（四）有可能影响监察事项公正处理的其他情形的。

第五十九条　监察机关涉密人员离岗离职后，应当遵守脱密期管理规定，严格履行保密义务，不得泄露相关秘密。

监察人员辞职、退休三年内，不得从事与监察和司法工作相关联且可能发生利益冲突的职业。

第六十条　监察机关及其工作人员有下列行为之一的，被调查人及其近亲属有权向该机关申诉：

（一）留置法定期限届满，不予以解除的；

（二）查封、扣押、冻结与案件无关的财物的；

（三）应当解除查封、扣押、冻结措施而不解除的；

（四）贪污、挪用、私分、调换以及违反规定使用查封、扣押、冻结的财物的；

（五）其他违反法律法规、侵害被调查人合法权益的行为。

受理申诉的监察机关应当在受理申诉之日起一个月内作出处理决定。申诉人对处理决定不服的，可以在收到处理决定之日起一个月内向上一级监察机关申请复查，上一级监察机关应当在收到复查申请之日起二个月内作出处理决定，情况属实的，及时予以纠正。

第六十一条　对调查工作结束后发现立案依据不充分或者失实，案件处置出现重大失误，监察人员严重违法的，应当追究负有责任的领导人员和直接责任人员的责任。

第八章　法律责任

第六十二条　有关单位拒不执行监察机关作出的处理决定，或者无正当理由拒不采纳监察建议的，由其主管部门、上级机关责令改正，对单位给予通报批评；对负有责任的领导人员和直接责任人员依法给予处理。

第六十三条 有关人员违反本法规定，有下列行为之一的，由其所在单位、主管部门、上级机关或者监察机关责令改正，依法给予处理：

（一）不按要求提供有关材料，拒绝、阻碍调查措施实施等拒不配合监察机关调查的；

（二）提供虚假情况，掩盖事实真相的；

（三）串供或者伪造、隐匿、毁灭证据的；

（四）阻止他人揭发检举、提供证据的；

（五）其他违反本法规定的行为，情节严重的。

第六十四条 监察对象对控告人、检举人、证人或者监察人员进行报复陷害的；控告人、检举人、证人捏造事实诬告陷害监察对象的，依法给予处理。

第六十五条 监察机关及其工作人员有下列行为之一的，对负有责任的领导人员和直接责任人员依法给予处理：

（一）未经批准、授权处置问题线索，发现重大案情隐瞒不报，或者私自留存、处理涉案材料的；

（二）利用职权或者职务上的影响干预调查工作、以案谋私的；

（三）违法窃取、泄露调查工作信息，或者泄露举报事项、举报受理情况以及举报人信息的；

（四）对被调查人或者涉案人员逼供、诱供，或者侮辱、打骂、虐待、体罚或者变相体罚的；

（五）违反规定处置查封、扣押、冻结的财物的；

（六）违反规定发生办案安全事故，或者发生安全事故后隐瞒不报、报告失实、处置不当的；

（七）违反规定采取留置措施的；

（八）违反规定限制他人出境，或者不按规定解除出境限制的；

（九）其他滥用职权、玩忽职守、徇私舞弊的行为。

第六十六条　违反本法规定，构成犯罪的，依法追究刑事责任。

第六十七条　监察机关及其工作人员行使职权，侵犯公民、法人和其他组织的合法权益造成损害的，依法给予国家赔偿。

第九章　附　　则

第六十八条　中国人民解放军和中国人民武装警察部队开展监察工作，由中央军事委员会根据本法制定具体规定。

第六十九条　本法自公布之日起施行。《中华人民共和国行政监察法》同时废止。

第四节　中华人民共和国人民法院组织法

一、历史沿革〔1〕

人民法院组织法是规定人民法院机构设置及其职责权限的重要法律，是我国司法制度的支柱性法律。我国第一部全面规范法

〔1〕　张志然：《与时俱进：人民法院组织法四次修订中经历了哪些传奇?》，《民主与法制》周刊2018年第44期。

院组织的法规是1951年出台的《中华人民共和国人民法院暂行组织条例》。1954年出台的人民法院组织法是对人民法院暂行组织条例的发展与深化。起草的根据有三：一是正在起草的宪法草案；二是土地革命时期以来革命根据地的司法经验；三是世界各国的法制资料，主要是参考苏联的。1954年9月21日，第一届全国人民代表大会第一次会议通过1954年人民法院组织法，主要涉及六个方面的内容：司法原则；人民法院的性质和任务；人民法院的体制；人民法院的设置、审级及内部机构；各项审判制度，包括公开审判、陪审、合议、辩护、回避和审判委员会等制度；人民法院的审判人员和其他人员。

1979年人民法院组织法是在1954年人民法院组织法的基础上修改的，增加了铁路法院和水上法院，增加了法院审理案件"不受任何机关、团体或个人的干涉"，在一切公民"适用法律一律平等"之后，增加规定"不允许有任何特权和歧视"，增加了最高人民法院享有司法解释权的规定，对法院的任务、辩护制度、陪审制度和错案纠正等方面又作了一些修改。1979年7月1日，第五届全国人民代表大会第二次会议通过该法，自1980年1月1日起施行。

1983年9月2日第六届全国人民代表大会常务委员会第二次会议、1986年12月2日第六届全国人民代表大会常务委员会第十八次会议对人民法院组织法进行了两次修改。修改内容主要集中于四点：一是对实践中固定做法的事后确认；二是结合实际情况和其他法律规定对原规则进行的修改；三是对于争议较大或改革方向不明确的规定予以删除，留待未来进行改革；四是确定死刑复核权的归属问题。

1996年修改刑事诉讼法和1997年修改刑法时明确规定死刑

由最高人民法院核准。为了使人民法院组织法与刑事诉讼法、刑法的规定相一致，维护法制统一，确保死刑判决的慎重和公正，[1] 根据2006年10月31日第十届全国人民代表大会常务委员会第二十四次会议《关于修改〈中华人民共和国人民法院组织法〉的决定》人民法院组织法第十三条修改为："死刑除依法由最高人民法院判决的以外，应当报请最高人民法院核准。"这是当年人民法院组织法唯一修改的一条，以确保死刑的正确适用和减少冤杀错杀。

随着我国经济社会快速发展，民主法治建设日臻完善，司法体制改革不断深化，人民法院工作面临许多新情况新任务新要求，在这样的背景下，修改人民法院组织法被提上日程。全国人大常委会2013年就作出修改工作部署，修改工作中遵循了以下基本原则：一是修改工作是在现行人民法院组织法基础上进行的，其基本制度和许多规定都要保留；二是努力体现司法体制改革成果，使党中央重大决策部署通过法定程序成为国家意志，用法律制度巩固司法体制改革成果；三是准确把握人民法院组织法的调整范围，妥善处理与诉讼法、法官法等法律的关系；四是人民法院组织法涉及面广，有些改革还在试点过程中，对一些实践不够、尚未形成共识的问题，只作原则性规定或者暂不作规定。[2] 人民法院组织法的修订见证了司法改革的重要成果、见证了司法队伍的专业化发展、见证了审判权的规范运行、见证了

〔1〕沈德咏：《关于〈中华人民共和国人民法院组织法修正案（草案）〉的说明》，中国人大网，http：//www.npc.gov.cn/zgrdw/npc/lfzt/rlyw/2017－08/29/content_2027534.htm。

〔2〕王胜明：《关于〈中华人民共和国人民法院组织法（修订草案）〉的说明》，中国人大网，http：//www.npc.gov.cn/zgrdw/npc/xinwen/2018－10/26/content_2064482.htm。

法官依法履职保障，反映出改革开放40年以来整个社会的发展轨迹，也是从提出“有法可依，有法必依，执法必严，违法必究”的法治建设方针到社会主义法律体系的建成，再到建设中国特色社会主义法治体系的重要见证。[1] 2018年10月26日，第十三届全国人民代表大会常务委员会第六次会议通过人民法院组织法修订草案，自2019年1月1日起施行。

二、中华人民共和国人民法院组织法

（1979年7月1日第五届全国人民代表大会第二次会议通过　根据1983年9月2日第六届全国人民代表大会常务委员会第二次会议《关于修改〈中华人民共和国人民法院组织法〉的决定》第一次修正　根据1986年12月2日第六届全国人民代表大会常务委员会第十八次会议《关于修改〈中华人民共和国地方各级人民代表大会和地方各级人民政府组织法〉的决定》第二次修正　根据2006年10月31日第十届全国人民代表大会常务委员会第二十四次会议《关于修改〈中华人民共和国人民法院组织法〉的决定》第三次修正　2018年10月26日第十三届全国人民代表大会常务委员会第六次会议修订）

目　　录

[1] 罗霄悍：《人民法院组织法四十年见证司法发展》，《人民法院报》总第7522期。

第一章　总　　则

第一条　为了规范人民法院的设置、组织和职权，保障人民法院依法履行职责，根据宪法，制定本法。

第二条　人民法院是国家的审判机关。

人民法院通过审判刑事案件、民事案件、行政案件以及法律规定的其他案件，惩罚犯罪，保障无罪的人不受刑事追究，解决民事、行政纠纷，保护个人和组织的合法权益，监督行政机关依法行使职权，维护国家安全和社会秩序，维护社会公平正义，维护国家法制统一、尊严和权威，保障中国特色社会主义建设的顺利进行。

第三条　人民法院依照宪法、法律和全国人民代表大会常务委员会的决定设置。

第四条　人民法院依照法律规定独立行使审判权，不受行政机关、社会团体和个人的干涉。

第五条　人民法院审判案件在适用法律上一律平等，不允许任何组织和个人有超越法律的特权，禁止任何形式的歧视。

第六条　人民法院坚持司法公正，以事实为根据，以法律为准绳，遵守法定程序，依法保护个人和组织的诉讼权利和其他合法权益，尊重和保障人权。

第七条　人民法院实行司法公开，法律另有规定的除外。

第八条 人民法院实行司法责任制，建立健全权责统一的司法权力运行机制。

第九条 最高人民法院对全国人民代表大会及其常务委员会负责并报告工作。地方各级人民法院对本级人民代表大会及其常务委员会负责并报告工作。

各级人民代表大会及其常务委员会对本级人民法院的工作实施监督。

第十条 最高人民法院是最高审判机关。

最高人民法院监督地方各级人民法院和专门人民法院的审判工作，上级人民法院监督下级人民法院的审判工作。

第十一条 人民法院应当接受人民群众监督，保障人民群众对人民法院工作依法享有知情权、参与权和监督权。

第二章 人民法院的设置和职权

第十二条 人民法院分为：

（一）最高人民法院；

（二）地方各级人民法院；

（三）专门人民法院。

第十三条 地方各级人民法院分为高级人民法院、中级人民法院和基层人民法院。

第十四条 在新疆生产建设兵团设立的人民法院的组织、案件管辖范围和法官任免，依照全国人民代表大会常务委员会的有关规定。

第十五条 专门人民法院包括军事法院和海事法院、知识产权法院、金融法院等。

专门人民法院的设置、组织、职权和法官任免，由全国人民代表大会常务委员会规定。

第十六条　最高人民法院审理下列案件：

（一）法律规定由其管辖的和其认为应当由自己管辖的第一审案件；

（二）对高级人民法院判决和裁定的上诉、抗诉案件；

（三）按照全国人民代表大会常务委员会的规定提起的上诉、抗诉案件；

（四）按照审判监督程序提起的再审案件；

（五）高级人民法院报请核准的死刑案件。

第十七条　死刑除依法由最高人民法院判决的以外，应当报请最高人民法院核准。

第十八条　最高人民法院可以对属于审判工作中具体应用法律的问题进行解释。

最高人民法院可以发布指导性案例。

第十九条　最高人民法院可以设巡回法庭，审理最高人民法院依法确定的案件。

巡回法庭是最高人民法院的组成部分。巡回法庭的判决和裁定即最高人民法院的判决和裁定。

第二十条　高级人民法院包括：

（一）省高级人民法院；

（二）自治区高级人民法院；

（三）直辖市高级人民法院。

第二十一条　高级人民法院审理下列案件：

（一）法律规定由其管辖的第一审案件；

（二）下级人民法院报请审理的第一审案件；

（三）最高人民法院指定管辖的第一审案件；

（四）对中级人民法院判决和裁定的上诉、抗诉案件；

（五）按照审判监督程序提起的再审案件；

（六）中级人民法院报请复核的死刑案件。

第二十二条 中级人民法院包括：

（一）省、自治区辖市的中级人民法院；

（二）在直辖市内设立的中级人民法院；

（三）自治州中级人民法院；

（四）在省、自治区内按地区设立的中级人民法院。

第二十三条 中级人民法院审理下列案件：

（一）法律规定由其管辖的第一审案件；

（二）基层人民法院报请审理的第一审案件；

（三）上级人民法院指定管辖的第一审案件；

（四）对基层人民法院判决和裁定的上诉、抗诉案件；

（五）按照审判监督程序提起的再审案件。

第二十四条 基层人民法院包括：

（一）县、自治县人民法院；

（二）不设区的市人民法院；

（三）市辖区人民法院。

第二十五条 基层人民法院审理第一审案件，法律另有规定的除外。

基层人民法院对人民调解委员会的调解工作进行业务指导。

第二十六条 基层人民法院根据地区、人口和案件情况，可以设立若干人民法庭。

人民法庭是基层人民法院的组成部分。人民法庭的判决和裁定即基层人民法院的判决和裁定。

第二十七条　人民法院根据审判工作需要，可以设必要的专业审判庭。法官员额较少的中级人民法院和基层人民法院，可以设综合审判庭或者不设审判庭。

人民法院根据审判工作需要，可以设综合业务机构。法官员额较少的中级人民法院和基层人民法院，可以不设综合业务机构。

第二十八条　人民法院根据工作需要，可以设必要的审判辅助机构和行政管理机构。

第三章　人民法院的审判组织

第二十九条　人民法院审理案件，由合议庭或者法官一人独任审理。

合议庭和法官独任审理的案件范围由法律规定。

第三十条　合议庭由法官组成，或者由法官和人民陪审员组成，成员为三人以上单数。

合议庭由一名法官担任审判长。院长或者庭长参加审理案件时，由自己担任审判长。

审判长主持庭审、组织评议案件，评议案件时与合议庭其他成员权利平等。

第三十一条　合议庭评议案件应当按照多数人的意见作出决定，少数人的意见应当记入笔录。评议案件笔录由合议庭全体组成人员签名。

第三十二条　合议庭或者法官独任审理案件形成的裁判文书，经合议庭组成人员或者独任法官签署，由人民法院发布。

第三十三条　合议庭审理案件，法官对案件的事实认定和法律适用负责；法官独任审理案件，独任法官对案件的事实认定和法律适用负责。

人民法院应当加强内部监督，审判活动有违法情形的，应当及时调查核实，并根据违法情形依法处理。

第三十四条 人民陪审员依照法律规定参加合议庭审理案件。

第三十五条 中级以上人民法院设赔偿委员会，依法审理国家赔偿案件。

赔偿委员会由三名以上法官组成，成员应当为单数，按照多数人的意见作出决定。

第三十六条 各级人民法院设审判委员会。审判委员会由院长、副院长和若干资深法官组成，成员应当为单数。

审判委员会会议分为全体会议和专业委员会会议。

中级以上人民法院根据审判工作需要，可以按照审判委员会委员专业和工作分工，召开刑事审判、民事行政审判等专业委员会会议。

第三十七条 审判委员会履行下列职能：

（一）总结审判工作经验；

（二）讨论决定重大、疑难、复杂案件的法律适用；

（三）讨论决定本院已经发生法律效力的判决、裁定、调解书是否应当再审；

（四）讨论决定其他有关审判工作的重大问题。

最高人民法院对属于审判工作中具体应用法律的问题进行解释，应当由审判委员会全体会议讨论通过；发布指导性案例，可以由审判委员会专业委员会会议讨论通过。

第三十八条 审判委员会召开全体会议和专业委员会会议，

应当有其组成人员的过半数出席。

审判委员会会议由院长或者院长委托的副院长主持。审判委员会实行民主集中制。

审判委员会举行会议时，同级人民检察院检察长或者检察长委托的副检察长可以列席。

第三十九条　合议庭认为案件需要提交审判委员会讨论决定的，由审判长提出申请，院长批准。

审判委员会讨论案件，合议庭对其汇报的事实负责，审判委员会委员对本人发表的意见和表决负责。审判委员会的决定，合议庭应当执行。

审判委员会讨论案件的决定及其理由应当在裁判文书中公开，法律规定不公开的除外。

第四章　人民法院的人员组成

第四十条　人民法院的审判人员由院长、副院长、审判委员会委员和审判员等人员组成。

第四十一条　人民法院院长负责本院全面工作，监督本院审判工作，管理本院行政事务。人民法院副院长协助院长工作。

第四十二条　最高人民法院院长由全国人民代表大会选举，副院长、审判委员会委员、庭长、副庭长和审判员由院长提请全国人民代表大会常务委员会任免。

最高人民法院巡回法庭庭长、副庭长，由最高人民法院院长提请全国人民代表大会常务委员会任免。

第四十三条　地方各级人民法院院长由本级人民代表大会选举，副院长、审判委员会委员、庭长、副庭长和审判员由院长提请本级人民代表大会常务委员会任免。

在省、自治区内按地区设立的和在直辖市内设立的中级人民法院院长，由省、自治区、直辖市人民代表大会常务委员会根据主任会议的提名决定任免，副院长、审判委员会委员、庭长、副庭长和审判员由高级人民法院院长提请省、自治区、直辖市人民代表大会常务委员会任免。

第四十四条 人民法院院长任期与产生它的人民代表大会每届任期相同。

各级人民代表大会有权罢免由其选出的人民法院院长。在地方人民代表大会闭会期间，本级人民代表大会常务委员会认为人民法院院长需要撤换的，应当报请上级人民代表大会常务委员会批准。

第四十五条 人民法院的法官、审判辅助人员和司法行政人员实行分类管理。

第四十六条 法官实行员额制。法官员额根据案件数量、经济社会发展情况、人口数量和人民法院审级等因素确定。

最高人民法院法官员额由最高人民法院商有关部门确定。地方各级人民法院法官员额，在省、自治区、直辖市内实行总量控制、动态管理。

第四十七条 法官从取得法律职业资格并且具备法律规定的其他条件的人员中选任。初任法官应当由法官遴选委员会进行专业能力审核。上级人民法院的法官一般从下级人民法院的法官中择优遴选。

院长应当具有法学专业知识和法律职业经历。副院长、审判委员会委员应当从法官、检察官或者其他具备法官、检察官条件的人员中产生。

法官的职责、管理和保障，依照《中华人民共和国法官法》的规定。

第四十八条　人民法院的法官助理在法官指导下负责审查案件材料、草拟法律文书等审判辅助事务。

符合法官任职条件的法官助理，经遴选后可以按照法官任免程序任命为法官。

第四十九条　人民法院的书记员负责法庭审理记录等审判辅助事务。

第五十条　人民法院的司法警察负责法庭警戒、人员押解和看管等警务事项。

司法警察依照《中华人民共和国人民警察法》管理。

第五十一条　人民法院根据审判工作需要，可以设司法技术人员，负责与审判工作有关的事项。

第五章　人民法院行使职权的保障

第五十二条　任何单位或者个人不得要求法官从事超出法定职责范围的事务。

对于领导干部等干预司法活动、插手具体案件处理，或者人民法院内部人员过问案件情况的，办案人员应当全面如实记录并报告；有违法违纪情形的，由有关机关根据情节轻重追究行为人的责任。

第五十三条　人民法院作出的判决、裁定等生效法律文书，义务人应当依法履行；拒不履行的，依法追究法律责任。

第五十四条　人民法院采取必要措施，维护法庭秩序和审判权威。对妨碍人民法院依法行使职权的违法犯罪行为，依法追究法律责任。

第五十五条 人民法院实行培训制度，法官、审判辅助人员和司法行政人员应当接受理论和业务培训。

第五十六条 人民法院人员编制实行专项管理。

第五十七条 人民法院的经费按照事权划分的原则列入财政预算，保障审判工作需要。

第五十八条 人民法院应当加强信息化建设，运用现代信息技术，促进司法公开，提高工作效率。

第六章 附 则

第五十九条 本法自 2019 年 1 月 1 日起施行。

第五节 中华人民共和国人民检察院组织法

一、历史沿革〔1〕

人民检察院组织法是规定人民检察院机构设置及其职责权限的重要法律，是我国司法制度的支柱性法律。现行人民检察院组织法于 1979 年 7 月 1 日第五届全国人民代表大会第二次会议通过，1980 年 1 月 1 日起施行，对构建检察院组织体系、加强法律

〔1〕 何晔晖：《关于〈中华人民共和国人民检察院组织法（修订草案）〉的说明》，中国人大网，http：//www. npc. gov. cn/zgrdw/npc/xinwen/2018 – 10/26/content_2064284. htm。

监督工作、确立社会主义司法制度发挥了重要作用。1979 年通过人民检察院组织法后又经过两次修改。第一次修改是 1983 年 9 月 2 日，第六届全国人民代表大会常务委员会第二次会议《关于修改〈中华人民共和国人民检察院组织法〉的决定》；第二次修改是在 1986 年 12 月 2 日，第六届全国人民代表大会常务委员会第十八次会议《关于〈中华人民共和国地方各级人民代表大会和地方各级人民政府组织法〉的决定》，该决定对检察院检察长等的任免程序作了修改，因此，检察院组织法中有关人事任免的条款也相应地作出修改。

随着我国经济社会快速发展，民主法治建设日臻完善，司法体制改革不断深化，人民检察院工作面临许多新情况新任务新要求，于是全国人大常委会启动了对人民检察院组织法的修改工作。修改工作遵循以下基本原则：一是修改工作是在现行人民检察院组织法基础上进行的，其基本制度和许多规定都要保留。二是努力体现司法体制改革成果，使党中央重大决策部署通过法定程序成为国家意志，用法律制度巩固司法体制改革成果。三是准确把握人民检察院组织法的调整范围，妥善处理与诉讼法、检察官法等法律的关系。四是人民检察院组织法涉及面广，有些改革还在试点过程中，对一些实践不够、尚未形成共识的问题，只作原则性规定或者暂不作规定。

修改后的人民检察院组织法共 6 章 53 条，条文数量增加了近一倍，在 11 个方面进行了较大修改完善：明确了人民检察院的性质和任务，完善了检察工作的基本原则和工作体制，完善了人民检察院设置的有关规定，完善了人民检察院内设机构的有关规定，完善了人民检察院职权的有关规定，完善了人民检察院行使职权的措施和方式，增加规定检察长或者检察长委托的副检察长可以列席同级人民法院审判委员会会议，增加规定人民监督员对人民检察院的办案活动实行监督，完善了人民检察院的办案组织，明确了人民检察院的组成人员，完善了人民检察院行使职权的保障。[1] 修改后的人民检察院组织法经2018年10月26日第十三届全国人民代表大会常务委员会第六次会议审议通过，自2019年1月1日起施行。

二、中华人民共和国人民检察院组织法

（1979年7月1日第五届全国人民代表大会第二次会议通过　根据1983年9月2日第六届全国人民代表大会常务委员会第二次会议《关于修改〈中华人民共和国人民检察院组织法〉的决定》第一次修正　根据1986年12月2日第六届全国人民代表大会常务委员会第十八次会议《关于修改〈中华人民共和国地方各级人民代表大会和地方各级人民政府组织法〉的决定》第二次修正　2018年10月26日第十三届全国人民代表大会常务委员会第六次会议修订）

目　　录

---

〔1〕《新修订人民检察院组织法：检察制度新里程——最高检法律政策研究室负责人答记者问》，最高人民检察院官网，https：//www.spp.gov.cn/zdgz/201810/t20181026_396782.shtml。

第一章　总　　则

第一条　为了规范人民检察院的设置、组织和职权，保障人民检察院依法履行职责，根据宪法，制定本法。

第二条　人民检察院是国家的法律监督机关。

人民检察院通过行使检察权，追诉犯罪，维护国家安全和社会秩序，维护个人和组织的合法权益，维护国家利益和社会公共利益，保障法律正确实施，维护社会公平正义，维护国家法制统一、尊严和权威，保障中国特色社会主义建设的顺利进行。

第三条　人民检察院依照宪法、法律和全国人民代表大会常务委员会的决定设置。

第四条　人民检察院依照法律规定独立行使检察权，不受行政机关、社会团体和个人的干涉。

第五条　人民检察院行使检察权在适用法律上一律平等，不允许任何组织和个人有超越法律的特权，禁止任何形式的歧视。

第六条　人民检察院坚持司法公正，以事实为根据，以法律为准绳，遵守法定程序，尊重和保障人权。

第七条　人民检察院实行司法公开，法律另有规定的除外。

第八条　人民检察院实行司法责任制，建立健全权责统一的司法权力运行机制。

第九条　最高人民检察院对全国人民代表大会及其常务委员会负责并报告工作。地方各级人民检察院对本级人民代表大会及其常务委员会负责并报告工作。

各级人民代表大会及其常务委员会对本级人民检察院的工作实施监督。

第十条 最高人民检察院是最高检察机关。

最高人民检察院领导地方各级人民检察院和专门人民检察院的工作，上级人民检察院领导下级人民检察院的工作。

第十一条 人民检察院应当接受人民群众监督，保障人民群众对人民检察院工作依法享有知情权、参与权和监督权。

第二章 人民检察院的设置和职权

第十二条 人民检察院分为：

（一）最高人民检察院；

（二）地方各级人民检察院；

（三）军事检察院等专门人民检察院。

第十三条 地方各级人民检察院分为：

（一）省级人民检察院，包括省、自治区、直辖市人民检察院；

（二）设区的市级人民检察院，包括省、自治区辖市人民检察院，自治州人民检察院，省、自治区、直辖市人民检察院分院；

（三）基层人民检察院，包括县、自治县、不设区的市、市辖区人民检察院。

第十四条 在新疆生产建设兵团设立的人民检察院的组织、案件管辖范围和检察官任免，依照全国人民代表大会常务委员会的有关规定。

第十五条 专门人民检察院的设置、组织、职权和检察官任免，由全国人民代表大会常务委员会规定。

第十六条　省级人民检察院和设区的市级人民检察院根据检察工作需要，经最高人民检察院和省级有关部门同意，并提请本级人民代表大会常务委员会批准，可以在辖区内特定区域设立人民检察院，作为派出机构。

第十七条　人民检察院根据检察工作需要，可以在监狱、看守所等场所设立检察室，行使派出它的人民检察院的部分职权，也可以对上述场所进行巡回检察。

省级人民检察院设立检察室，应当经最高人民检察院和省级有关部门同意。设区的市级人民检察院、基层人民检察院设立检察室，应当经省级人民检察院和省级有关部门同意。

第十八条　人民检察院根据检察工作需要，设必要的业务机构。检察官员额较少的设区的市级人民检察院和基层人民检察院，可以设综合业务机构。

第十九条　人民检察院根据工作需要，可以设必要的检察辅助机构和行政管理机构。

第二十条　人民检察院行使下列职权：

（一）依照法律规定对有关刑事案件行使侦查权；

（二）对刑事案件进行审查，批准或者决定是否逮捕犯罪嫌疑人；

（三）对刑事案件进行审查，决定是否提起公诉，对决定提起公诉的案件支持公诉；

（四）依照法律规定提起公益诉讼；

（五）对诉讼活动实行法律监督；

（六）对判决、裁定等生效法律文书的执行工作实行法律监督；

（七）对监狱、看守所的执法活动实行法律监督；

（八）法律规定的其他职权。

第二十一条 人民检察院行使本法第二十条规定的法律监督职权，可以进行调查核实，并依法提出抗诉、纠正意见、检察建议。有关单位应当予以配合，并及时将采纳纠正意见、检察建议的情况书面回复人民检察院。

抗诉、纠正意见、检察建议的适用范围及其程序，依照法律有关规定。

第二十二条 最高人民检察院对最高人民法院的死刑复核活动实行监督；对报请核准追诉的案件进行审查，决定是否追诉。

第二十三条 最高人民检察院可以对属于检察工作中具体应用法律的问题进行解释。

最高人民检察院可以发布指导性案例。

第二十四条 上级人民检察院对下级人民检察院行使下列职权：

（一）认为下级人民检察院的决定错误的，指令下级人民检察院纠正，或者依法撤销、变更；

（二）可以对下级人民检察院管辖的案件指定管辖；

（三）可以办理下级人民检察院管辖的案件；

（四）可以统一调用辖区的检察人员办理案件。

上级人民检察院的决定，应当以书面形式作出。

第二十五条 下级人民检察院应当执行上级人民检察院的决定；有不同意见的，可以在执行的同时向上级人民检察院报告。

第二十六条 人民检察院检察长或者检察长委托的副检察长，可以列席同级人民法院审判委员会会议。

第二十七条 人民监督员依照规定对人民检察院的办案活动

实行监督。

第三章 人民检察院的办案组织

第二十八条 人民检察院办理案件，根据案件情况可以由一名检察官独任办理，也可以由两名以上检察官组成办案组办理。

由检察官办案组办理的，检察长应当指定一名检察官担任主办检察官，组织、指挥办案组办理案件。

第二十九条 检察官在检察长领导下开展工作，重大办案事项由检察长决定。检察长可以将部分职权委托检察官行使，可以授权检察官签发法律文书。

第三十条 各级人民检察院设检察委员会。检察委员会由检察长、副检察长和若干资深检察官组成，成员应当为单数。

第三十一条 检察委员会履行下列职能：

（一）总结检察工作经验；

（二）讨论决定重大、疑难、复杂案件；

（三）讨论决定其他有关检察工作的重大问题。

最高人民检察院对属于检察工作中具体应用法律的问题进行解释、发布指导性案例，应当由检察委员会讨论通过。

第三十二条 检察委员会召开会议，应当有其组成人员的过半数出席。

检察委员会会议由检察长或者检察长委托的副检察长主持。检察委员会实行民主集中制。

地方各级人民检察院的检察长不同意本院检察委员会多数人的意见，属于办理案件的，可以报请上一级人民检察院决定；属于重大事项的，可以报请上一级人民检察院或者本级人民代表大会常务委员会决定。

第三十三条 检察官可以就重大案件和其他重大问题，提请检察长决定。检察长可以根据案件情况，提交检察委员会讨论决定。

检察委员会讨论案件，检察官对其汇报的事实负责，检察委员会委员对本人发表的意见和表决负责。检察委员会的决定，检察官应当执行。

第三十四条 人民检察院实行检察官办案责任制。检察官对其职权范围内就案件作出的决定负责。检察长、检察委员会对案件作出决定的，承担相应责任。

第四章 人民检察院的人员组成

第三十五条 人民检察院的检察人员由检察长、副检察长、检察委员会委员和检察员等人员组成。

第三十六条 人民检察院检察长领导本院检察工作，管理本院行政事务。人民检察院副检察长协助检察长工作。

第三十七条 最高人民检察院检察长由全国人民代表大会选举和罢免，副检察长、检察委员会委员和检察员由检察长提请全国人民代表大会常务委员会任免。

第三十八条 地方各级人民检察院检察长由本级人民代表大会选举和罢免，副检察长、检察委员会委员和检察员由检察长提请本级人民代表大会常务委员会任免。

地方各级人民检察院检察长的任免，须报上一级人民检察院检察长提请本级人民代表大会常务委员会批准。

省、自治区、直辖市人民检察院分院检察长、副检察长、检察委员会委员和检察员，由省、自治区、直辖市人民检察院检察长提请本级人民代表大会常务委员会任免。

第三十九条　人民检察院检察长任期与产生它的人民代表大会每届任期相同。

全国人民代表大会常务委员会和省、自治区、直辖市人民代表大会常务委员会根据本级人民检察院检察长的建议，可以撤换下级人民检察院检察长、副检察长和检察委员会委员。

第四十条　人民检察院的检察官、检察辅助人员和司法行政人员实行分类管理。

第四十一条　检察官实行员额制。检察官员额根据案件数量、经济社会发展情况、人口数量和人民检察院层级等因素确定。

最高人民检察院检察官员额由最高人民检察院商有关部门确定。地方各级人民检察院检察官员额，在省、自治区、直辖市内实行总量控制、动态管理。

第四十二条　检察官从取得法律职业资格并且具备法律规定的其他条件的人员中选任。初任检察官应当由检察官遴选委员会进行专业能力审核。上级人民检察院的检察官一般从下级人民检察院的检察官中择优遴选。

检察长应当具有法学专业知识和法律职业经历。副检察长、检察委员会委员应当从检察官、法官或者其他具备检察官、法官条件的人员中产生。

检察官的职责、管理和保障，依照《中华人民共和国检察官法》的规定。

第四十三条　人民检察院的检察官助理在检察官指导下负责审查案件材料、草拟法律文书等检察辅助事务。

符合检察官任职条件的检察官助理，经遴选后可以按照检察官任免程序任命为检察官。

第四十四条 人民检察院的书记员负责案件记录等检察辅助事务。

第四十五条 人民检察院的司法警察负责办案场所警戒、人员押解和看管等警务事项。

司法警察依照《中华人民共和国人民警察法》管理。

第四十六条 人民检察院根据检察工作需要，可以设检察技术人员，负责与检察工作有关的事项。

第五章 人民检察院行使职权的保障

第四十七条 任何单位或者个人不得要求检察官从事超出法定职责范围的事务。

对于领导干部等干预司法活动、插手具体案件处理，或者人民检察院内部人员过问案件情况的，办案人员应当全面如实记录并报告；有违法违纪情形的，由有关机关根据情节轻重追究行为人的责任。

第四十八条 人民检察院采取必要措施，维护办案安全。对妨碍人民检察院依法行使职权的违法犯罪行为，依法追究法律责任。

第四十九条 人民检察院实行培训制度，检察官、检察辅助人员和司法行政人员应当接受理论和业务培训。

第五十条 人民检察院人员编制实行专项管理。

第五十一条 人民检察院的经费按照事权划分的原则列入财政预算，保障检察工作需要。

第五十二条 人民检察院应当加强信息化建设，运用现代信息技术，促进司法公开，提高工作效率。

第六章　附　　则

第五十三条　本法自 2019 年 1 月 1 日起施行。

第六节　中华人民共和国地方各级人民代表大会和地方各级人民政府组织法

一、历史沿革

地方组织法是关于地方人大、地方政府的组织和工作制度的基本法律，是宪法关于地方政权建设规定的立法实施，是地方各级国家权力机关、行政机关行使职权、履行职责的重要制度保障。1954 年 9 月 21 日，伴随我国第一部宪法的诞生，我国第一部地方组织法——《中华人民共和国地方各级人民代表大会和地方各级人民委员会组织法》在第一届全国人民代表大会第一次会议上应运而生。1979 年 7 月 1 日，第五届全国人民代表大会第二次会议对 1954 年的地方组织法作了重要修改，颁布了《中华人民共和国地方各级人民代表大会和地方各级人民政府组织法》（以下简称地方组织法），1979 年 7 月 4 日公布，自 1980 年 1 月 1 日起施行。此后，根据形势发展变化，于 1982 年、1986 年、1995 年、2004 年和 2015 年先后作了五次修改，推动地方政权机关工作和建设不断与时俱进、发展完善。分别是：根据 1982 年 12 月 10 日第五届全国人民代表大会第五次会议《关于修改〈中华人民共和国地方各级人民代表大会和地方各级人民政府组织法〉的若干规定的决议》第一次修正；根据1986年12月2日第六届全国人民代表大会常务委员会第十八次会议《关于修改〈中华人民共和国地方各级人民代表大会和地方各级人民政府组织法〉的决定》第二次修正；根据1995年2月28日第八届全国人民代表大会常务委员会第十二次会议《关于修改〈中华人民共和国地方各级人民代表大会和地方各级人民政府组织法〉的决定》第三次修正；根据2004年10月27日第十届全国人民代表大会常务委员会第十二次会议《关于修改〈中华人民共和国地方各级人民代表大会和地方各级人民政府组织法〉的决定》第四次修正；根据2015年8月29日第十二届全国人民代表大会常务委员会第十六次会议《关于修改〈中华人民共和国地方各级人民代表大会和地方各级人民政府组织法〉、〈中华人民共和国全国人民代表大会和地方各级人民代表大会选举法〉、〈中华人民共和国全国人民代表大会和地方各级人民代表大会代表法〉的决定》第五次修正。

2021年10月，党中央召开中央人大工作会议，对新时代坚持和完善人民代表大会制度、加强和改进人大工作作出全面部署、提出明确要求。全国人大常委会在认真总结实践经验基础上，对地方组织法作出修改完善。修改工作遵循的原则：一是贯彻落实习近平法治思想、习近平总书记关于坚持和完善人民代表大会制度的重要思想，贯彻落实中央人大工作会议精神，把坚持党的全面领导作为地方政权机关活动和建设的最高原则；二是坚持以人民为中心，扩大人民有序政治参与，畅通群众诉求表达和反映渠道，不断发展全过程人民民主；三是充分反映深化党和国家机构改革后，地方各级人大和政府有关机构设置及其职能的新变化；四是严格遵循宪法确立的制度、原则和规定，对于现行地方组织法中可改可不改的内容，原则上不作修改；五是注意处理好地方组织法与全国人民代表大会组织法、代表法、立法法、监督法、预算法等相关法律之间的关系，做好法律衔接。[1]

2022年3月11日，十三届全国人大五次会议通过关于修改《中华人民共和国地方各级人民代表大会和地方各级人民政府组织法》的决定，修改后的地方组织法共5章90条，修改内容体现为以下几个方面：一是明确了坚持党的领导和地方人大、地方政府工作的指导思想和原则；二是完善了地方人大及其常委会的职权；三是健全了地方人大及其常委会的议事制度；四是加强了地方人大及其常委会自身建设；五是加强和改进了代表工作，充分发挥人大代表作用；六是完善了地方各级人民政府的组织和工作制度；七是贯彻了国家区域协调发展战略，健全了协作机制；八是明确了地方人大与地方监察委员会关系的相关制度；九是充实了铸牢中华民族共同体意识的内容。[2]

二、中华人民共和国地方各级人民代表大会和地方各级人民政府组织法

(1979年7月1日第五届全国人民代表大会第二次会议通过　1979年7月4日公布　自1980年1月1日起施行　根据1982年12月10日第五届全国人民代表大会第五次会议《关于修改〈中

〔1〕 王晨：《关于〈中华人民共和国地方各级人民代表大会和地方各级人民政府组织法（修正草案）〉的说明》，中国人大网，http：//www.npc.gov.cn/npc/c30834/202203/6c1d8f1ecd9a4eb5bbe96ff3f997728b.shtml。

〔2〕 童卫东：《修改地方组织法，完善人民当家作主制度体系》，《中国人大》2022年第7期。

华人民共和国地方各级人民代表大会和地方各级人民政府组织法〉的若干规定的决议》第一次修正　根据1986年12月2日第六届全国人民代表大会常务委员会第十八次会议《关于修改〈中华人民共和国地方各级人民代表大会和地方各级人民政府组织法〉的决定》第二次修正　根据1995年2月28日第八届全国人民代表大会常务委员会第十二次会议《关于修改〈中华人民共和国地方各级人民代表大会和地方各级人民政府组织法〉的决定》第三次修正　根据2004年10月27日第十届全国人民代表大会常务委员会第十二次会议《关于修改〈中华人民共和国地方各级人民代表大会和地方各级人民政府组织法〉的决定》第四次修正　根据2015年8月29日第十二届全国人民代表大会常务委员会第十六次会议《关于修改〈中华人民共和国地方各级人民代表大会和地方各级人民政府组织法〉、〈中华人民共和国全国人民代表大会和地方各级人民代表大会选举法〉、〈中华人民共和国全国人民代表大会和地方各级人民代表大会代表法〉的决定》第五次修正　根据2022年3月11日第十三届全国人民代表大会第五次会议《关于修改〈中华人民共和国地方各级人民代表大会和地方各级人民政府组织法〉的决定》第六次修正)

目　　录

第一章　总　　则

第一条　为了健全地方各级人民代表大会和地方各级人民政府的组织和工作制度，保障和规范其行使职权，坚持和完善人民代表大会制度，保证人民当家作主，根据宪法，制定本法。

第二条　地方各级人民代表大会是地方国家权力机关。

县级以上的地方各级人民代表大会常务委员会是本级人民代表大会的常设机关。

地方各级人民政府是地方各级国家权力机关的执行机关，是地方各级国家行政机关。

第三条　地方各级人民代表大会、县级以上的地方各级人民代表大会常务委员会和地方各级人民政府坚持中国共产党的领导，坚持以马克思列宁主义、毛泽东思想、邓小平理论、“三个代表”重要思想、科学发展观、习近平新时代中国特色社会主义思想为指导，依照宪法和法律规定行使职权。

第四条 地方各级人民代表大会、县级以上的地方各级人民代表大会常务委员会和地方各级人民政府坚持以人民为中心，坚持和发展全过程人民民主，始终同人民保持密切联系，倾听人民的意见和建议，为人民服务，对人民负责，受人民监督。

第五条 地方各级人民代表大会、县级以上的地方各级人民代表大会常务委员会和地方各级人民政府遵循在中央的统一领导下、充分发挥地方的主动性积极性的原则，保证宪法、法律和行政法规在本行政区域的实施。

第六条 地方各级人民代表大会、县级以上的地方各级人民代表大会常务委员会和地方各级人民政府实行民主集中制原则。

地方各级人民代表大会和县级以上的地方各级人民代表大会常务委员会应当充分发扬民主，集体行使职权。

地方各级人民政府实行首长负责制。政府工作中的重大事项应当经集体讨论决定。

第二章 地方各级人民代表大会

第一节 地方各级人民代表大会的组成和任期

第七条 省、自治区、直辖市、自治州、县、自治县、市、市辖区、乡、民族乡、镇设立人民代表大会。

第八条 省、自治区、直辖市、自治州、设区的市的人民代表大会代表由下一级的人民代表大会选举；县、自治县、不设区的市、市辖区、乡、民族乡、镇的人民代表大会代表由选民直接选举。

地方各级人民代表大会代表名额和代表产生办法由选举法规定。各行政区域内的少数民族应当有适当的代表名额。

第九条　地方各级人民代表大会每届任期五年。

第二节　地方各级人民代表大会的职权

第十条　省、自治区、直辖市的人民代表大会根据本行政区域的具体情况和实际需要，在不同宪法、法律、行政法规相抵触的前提下，可以制定和颁布地方性法规，报全国人民代表大会常务委员会和国务院备案。

设区的市、自治州的人民代表大会根据本行政区域的具体情况和实际需要，在不同宪法、法律、行政法规和本省、自治区的地方性法规相抵触的前提下，可以依照法律规定的权限制定地方性法规，报省、自治区的人民代表大会常务委员会批准后施行，并由省、自治区的人民代表大会常务委员会报全国人民代表大会常务委员会和国务院备案。

省、自治区、直辖市以及设区的市、自治州的人民代表大会根据区域协调发展的需要，可以开展协同立法。

第十一条　县级以上的地方各级人民代表大会行使下列职权：

（一）在本行政区域内，保证宪法、法律、行政法规和上级人民代表大会及其常务委员会决议的遵守和执行，保证国家计划和国家预算的执行；

（二）审查和批准本行政区域内的国民经济和社会发展规划纲要、计划和预算及其执行情况的报告，审查监督政府债务，监督本级人民政府对国有资产的管理；

（三）讨论、决定本行政区域内的政治、经济、教育、科学、文化、卫生、生态环境保护、自然资源、城乡建设、民政、社会保障、民族等工作的重大事项和项目；

（四）选举本级人民代表大会常务委员会的组成人员；

（五）选举省长、副省长，自治区主席、副主席，市长、副市长，州长、副州长，县长、副县长，区长、副区长；

（六）选举本级监察委员会主任、人民法院院长和人民检察院检察长；选出的人民检察院检察长，须报经上一级人民检察院检察长提请该级人民代表大会常务委员会批准；

（七）选举上一级人民代表大会代表；

（八）听取和审议本级人民代表大会常务委员会的工作报告；

（九）听取和审议本级人民政府和人民法院、人民检察院的工作报告；

（十）改变或者撤销本级人民代表大会常务委员会的不适当的决议；

（十一）撤销本级人民政府的不适当的决定和命令；

（十二）保护社会主义的全民所有的财产和劳动群众集体所有的财产，保护公民私人所有的合法财产，维护社会秩序，保障公民的人身权利、民主权利和其他权利；

（十三）保护各种经济组织的合法权益；

（十四）铸牢中华民族共同体意识，促进各民族广泛交往交流交融，保障少数民族的合法权利和利益；

（十五）保障宪法和法律赋予妇女的男女平等、同工同酬和婚姻自由等各项权利。

第十二条　乡、民族乡、镇的人民代表大会行使下列职权：

（一）在本行政区域内，保证宪法、法律、行政法规和上级人民代表大会及其常务委员会决议的遵守和执行；

（二）在职权范围内通过和发布决议；

（三）根据国家计划，决定本行政区域内的经济、文化事业和公共事业的建设计划和项目；

（四）审查和批准本行政区域内的预算和预算执行情况的报告，监督本级预算的执行，审查和批准本级预算的调整方案，审查和批准本级决算；

（五）决定本行政区域内的民政工作的实施计划；

（六）选举本级人民代表大会主席、副主席；

（七）选举乡长、副乡长，镇长、副镇长；

（八）听取和审议乡、民族乡、镇的人民政府的工作报告；

（九）听取和审议乡、民族乡、镇的人民代表大会主席团的工作报告；

（十）撤销乡、民族乡、镇的人民政府的不适当的决定和命令；

（十一）保护社会主义的全民所有的财产和劳动群众集体所有的财产，保护公民私人所有的合法财产，维护社会秩序，保障公民的人身权利、民主权利和其他权利；

（十二）保护各种经济组织的合法权益；

（十三）铸牢中华民族共同体意识，促进各民族广泛交往交流交融，保障少数民族的合法权利和利益；

（十四）保障宪法和法律赋予妇女的男女平等、同工同酬和婚姻自由等各项权利。

少数民族聚居的乡、民族乡、镇的人民代表大会在行使职权的时候，可以依照法律规定的权限采取适合民族特点的具体措施。

第十三条 地方各级人民代表大会有权罢免本级人民政府的组成人员。县级以上的地方各级人民代表大会有权罢免本级人民代表大会常务委员会的组成人员和由它选出的监察委员会主任、人民法院院长、人民检察院检察长。罢免人民检察院检察长，须报经上一级人民检察院检察长提请该级人民代表大会常务委员会批准。

第三节 地方各级人民代表大会会议的举行

第十四条 地方各级人民代表大会会议每年至少举行一次。乡、民族乡、镇的人民代表大会会议一般每年举行两次。会议召开的日期由本级人民代表大会常务委员会或者乡、民族乡、镇的人民代表大会主席团决定，并予以公布。

遇有特殊情况，县级以上的地方各级人民代表大会常务委员会或者乡、民族乡、镇的人民代表大会主席团可以决定适当提前或者推迟召开会议。提前或者推迟召开会议的日期未能在当次会议上决定的，常务委员会或者其授权的主任会议，乡、民族乡、镇的人民代表大会主席团可以另行决定，并予以公布。

县级以上的地方各级人民代表大会常务委员会或者乡、民族乡、镇的人民代表大会主席团认为必要，或者经过五分之一以上代表提议，可以临时召集本级人民代表大会会议。

地方各级人民代表大会会议有三分之二以上的代表出席，始得举行。

第十五条 县级以上的地方各级人民代表大会会议由本级人

民代表大会常务委员会召集。

第十六条 地方各级人民代表大会举行会议，应当合理安排会期和会议日程，提高议事质量和效率。

第十七条 县级以上的地方各级人民代表大会每次会议举行预备会议，选举本次会议的主席团和秘书长，通过本次会议的议程和其他准备事项的决定。

预备会议由本级人民代表大会常务委员会主持。每届人民代表大会第一次会议的预备会议，由上届本级人民代表大会常务委员会主持。

县级以上的地方各级人民代表大会举行会议的时候，由主席团主持会议。

县级以上的地方各级人民代表大会会议设副秘书长若干人；副秘书长的人选由主席团决定。

第十八条 乡、民族乡、镇的人民代表大会设主席，并可以设副主席一人至二人。主席、副主席由本级人民代表大会从代表中选出，任期同本级人民代表大会每届任期相同。

乡、民族乡、镇的人民代表大会主席、副主席不得担任国家行政机关的职务；如果担任国家行政机关的职务，必须向本级人民代表大会辞去主席、副主席的职务。

乡、民族乡、镇的人民代表大会主席、副主席在本级人民代表大会闭会期间负责联系本级人民代表大会代表，根据主席团的安排组织代表开展活动，反映代表和群众对本级人民政府工作的建议、批评和意见，并负责处理主席团的日常工作。

第十九条 乡、民族乡、镇的人民代表大会举行会议的时候，选举主席团。由主席团主持会议，并负责召集下一次的本级人民代表大会会议。乡、民族乡、镇的人民代表大会主席、副主席为主席团的成员。

主席团在本级人民代表大会闭会期间，每年选择若干关系本地区群众切身利益和社会普遍关注的问题，有计划地安排代表听取和讨论本级人民政府的专项工作报告，对法律、法规实施情况进行检查，开展视察、调研等活动；听取和反映代表和群众对本级人民政府工作的建议、批评和意见。主席团在闭会期间的工作，向本级人民代表大会报告。

第二十条 地方各级人民代表大会每届第一次会议，在本届人民代表大会代表选举完成后的两个月内，由上届本级人民代表大会常务委员会或者乡、民族乡、镇的上次人民代表大会主席团召集。

第二十一条 县级以上的地方各级人民政府组成人员和监察委员会主任、人民法院院长、人民检察院检察长，乡级的人民政府领导人员，列席本级人民代表大会会议；县级以上的其他有关机关、团体负责人，经本级人民代表大会常务委员会决定，可以列席本级人民代表大会会议。

第二十二条 地方各级人民代表大会举行会议的时候，主席团、常务委员会、各专门委员会、本级人民政府，可以向本级人民代表大会提出属于本级人民代表大会职权范围内的议案，由主席团决定提交人民代表大会会议审议，或者并交有关的专门委员会审议、提出报告，再由主席团审议决定提交大会表决。

县级以上的地方各级人民代表大会代表十人以上联名，乡、民族乡、镇的人民代表大会代表五人以上联名，可以向本级人民代表大会提出属于本级人民代表大会职权范围内的议案，由主席团决定是否列入大会议程，或者先交有关的专门委员会审议，提出是否列入大会议程的意见，再由主席团决定是否列入大会议程。

列入会议议程的议案，在交付大会表决前，提案人要求撤回的，经主席团同意，会议对该项议案的审议即行终止。

第二十三条　在地方各级人民代表大会审议议案的时候，代表可以向有关地方国家机关提出询问，由有关机关派人说明。

第二十四条　地方各级人民代表大会举行会议的时候，代表十人以上联名可以书面提出对本级人民政府和它所属各工作部门以及监察委员会、人民法院、人民检察院的质询案。质询案必须写明质询对象、质询的问题和内容。

质询案由主席团决定交由受质询机关在主席团会议、大会全体会议或者有关的专门委员会会议上口头答复，或者由受质询机关书面答复。在主席团会议或者专门委员会会议上答复的，提质询案的代表有权列席会议，发表意见；主席团认为必要的时候，可以将答复质询案的情况报告印发会议。

质询案以口头答复的，应当由受质询机关的负责人到会答复；质询案以书面答复的，应当由受质询机关的负责人签署，由主席团印发会议或者印发提质询案的代表。

第二十五条　地方各级人民代表大会进行选举和通过决议，以全体代表的过半数通过。

第四节　地方国家机关组成人员的选举、罢免和辞职

第二十六条　县级以上的地方各级人民代表大会常务委员会的组成人员，乡、民族乡、镇的人民代表大会主席、副主席，省长、副省长，自治区主席、副主席，市长、副市长，州长、副州长，县长、副县长，区长、副区长，乡长、副乡长，镇长、副镇长，监察委员会主任，人民法院院长，人民检察院检察长的人选，由本级人民代表大会主席团或者代表依照本法规定联合提名。

省、自治区、直辖市的人民代表大会代表三十人以上书面联名，设区的市和自治州的人民代表大会代表二十人以上书面联名，县级的人民代表大会代表十人以上书面联名，可以提出本级人民代表大会常务委员会组成人员，人民政府领导人员，监察委员会主任，人民法院院长，人民检察院检察长的候选人。乡、民族乡、镇的人民代表大会代表十人以上书面联名，可以提出本级人民代表大会主席、副主席，人民政府领导人员的候选人。不同选区或者选举单位选出的代表可以酝酿、联合提出候选人。

主席团提名的候选人人数，每一代表与其他代表联合提名的候选人人数，均不得超过应选名额。

提名人应当如实介绍所提名的候选人的情况。

第二十七条 人民代表大会常务委员会主任、秘书长，乡、民族乡、镇的人民代表大会主席，人民政府正职领导人员，监察委员会主任，人民法院院长，人民检察院检察长的候选人数可以多一人，进行差额选举；如果提名的候选人只有一人，也可以等额选举。人民代表大会常务委员会副主任，乡、民族乡、镇的人民代表大会副主席，人民政府副职领导人员的候选人数应比应选人数多一人至三人，人民代表大会常务委员会委员的候选人数应比应选人数多十分之一至五分之一，由本级人民代表大会根据应选人数在选举办法中规定具体差额数，进行差额选举。如果提名的候选人数符合选举办法规定的差额数，由主席团提交代表酝酿、讨论后，进行选举。如果提名的候选人数超过选举办法规定的差额数，由主席团提交代表酝酿、讨论后，进行预选，根据在预选中得票多少的顺序，按照选举办法规定的差额数，确定正式候选人名单，进行选举。

县级以上的地方各级人民代表大会换届选举本级国家机关领

导人员时，提名、酝酿候选人的时间不得少于两天。

第二十八条　选举采用无记名投票方式。代表对于确定的候选人，可以投赞成票，可以投反对票，可以另选其他任何代表或者选民，也可以弃权。

第二十九条　地方各级人民代表大会选举本级国家机关领导人员，获得过半数选票的候选人人数超过应选名额时，以得票多的当选。如遇票数相等不能确定当选人时，应当就票数相等的人再次投票，以得票多的当选。

获得过半数选票的当选人数少于应选名额时，不足的名额另行选举。另行选举时，可以根据在第一次投票时得票多少的顺序确定候选人，也可以依照本法规定的程序另行提名、确定候选人。经本级人民代表大会决定，不足的名额的另行选举可以在本次人民代表大会会议上进行，也可以在下一次人民代表大会会议上进行。

另行选举人民代表大会常务委员会副主任、委员，乡、民族乡、镇的人民代表大会副主席，人民政府副职领导人员时，依照本法第二十七条第一款的规定，确定差额数，进行差额选举。

第三十条　地方各级人民代表大会补选常务委员会主任、副主任、秘书长、委员，乡、民族乡、镇的人民代表大会主席、副主席，省长、副省长，自治区主席、副主席，市长、副市长，州长、副州长，县长、副县长，区长、副区长，乡长、副乡长，镇长、副镇长，监察委员会主任，人民法院院长，人民检察院检察长时，候选人数可以多于应选人数，也可以同应选人数相等。选举办法由本级人民代表大会决定。

第三十一条　县级以上的地方各级人民代表大会举行会议的时候，主席团、常务委员会或者十分之一以上代表联名，可以提出对本级人民代表大会常务委员会组成人员、人民政府组成人员、监察委员会主任、人民法院院长、人民检察院检察长的罢免案，由主席团提请大会审议。

乡、民族乡、镇的人民代表大会举行会议的时候，主席团或者五分之一以上代表联名，可以提出对人民代表大会主席、副主席，乡长、副乡长，镇长、副镇长的罢免案，由主席团提请大会审议。

罢免案应当写明罢免理由。

被提出罢免的人员有权在主席团会议或者大会全体会议上提出申辩意见，或者书面提出申辩意见。在主席团会议上提出的申辩意见或者书面提出的申辩意见，由主席团印发会议。

向县级以上的地方各级人民代表大会提出的罢免案，由主席团交会议审议后，提请全体会议表决；或者由主席团提议，经全体会议决定，组织调查委员会，由本级人民代表大会下次会议根据调查委员会的报告审议决定。

第三十二条 县级以上的地方各级人民代表大会常务委员会组成人员、专门委员会组成人员和人民政府领导人员，监察委员会主任，人民法院院长，人民检察院检察长，可以向本级人民代表大会提出辞职，由大会决定是否接受辞职；大会闭会期间，可以向本级人民代表大会常务委员会提出辞职，由常务委员会决定是否接受辞职。常务委员会决定接受辞职后，报本级人民代表大会备案。人民检察院检察长的辞职，须报经上一级人民检察院检察长提请该级人民代表大会常务委员会批准。

乡、民族乡、镇的人民代表大会主席、副主席，乡长、副乡长，镇长、副镇长，可以向本级人民代表大会提出辞职，由大会决定是否接受辞职。

第五节　地方各级人民代表大会各委员会

第三十三条　省、自治区、直辖市、自治州、设区的市的人民代表大会根据需要，可以设法制委员会、财政经济委员会、教育科学文化卫生委员会、环境与资源保护委员会、社会建设委员会和其他需要设立的专门委员会；县、自治县、不设区的市、市辖区的人民代表大会根据需要，可以设法制委员会、财政经济委员会等专门委员会。

各专门委员会受本级人民代表大会领导；在大会闭会期间，受本级人民代表大会常务委员会领导。

第三十四条　各专门委员会的主任委员、副主任委员和委员的人选，由主席团在代表中提名，大会通过。在大会闭会期间，常务委员会可以任免专门委员会的个别副主任委员和部分委员，由主任会议提名，常务委员会会议通过。

各专门委员会每届任期同本级人民代表大会每届任期相同，履行职责到下届人民代表大会产生新的专门委员会为止。

第三十五条　各专门委员会在本级人民代表大会及其常务委员会领导下，开展下列工作：

（一）审议本级人民代表大会主席团或者常务委员会交付的议案；

（二）向本级人民代表大会主席团或者常务委员会提出属于本级人民代表大会或者常务委员会职权范围内同本委员会有关的议案，组织起草有关议案草案；

（三）承担本级人民代表大会常务委员会听取和审议专项工作报告、执法检查、专题询问等的具体组织实施工作；

（四）按照本级人民代表大会常务委员会工作安排，听取本级人民政府工作部门和监察委员会、人民法院、人民检察院的专题汇报，提出建议；

（五）对属于本级人民代表大会及其常务委员会职权范围内同本委员会有关的问题，进行调查研究，提出建议；

（六）研究办理代表建议、批评和意见，负责有关建议、批评和意见的督促办理工作；

（七）办理本级人民代表大会及其常务委员会交办的其他工作。

第三十六条 县级以上的地方各级人民代表大会可以组织关于特定问题的调查委员会。

主席团或者十分之一以上代表书面联名，可以向本级人民代表大会提议组织关于特定问题的调查委员会，由主席团提请全体会议决定。

调查委员会由主任委员、副主任委员和委员组成，由主席团在代表中提名，提请全体会议通过。

调查委员会应当向本级人民代表大会提出调查报告。人民代表大会根据调查委员会的报告，可以作出相应的决议。人民代表大会可以授权它的常务委员会听取调查委员会的调查报告，常务委员会可以作出相应的决议，报人民代表大会下次会议备案。

第三十七条 乡、民族乡、镇的每届人民代表大会第一次会议通过的代表资格审查委员会，行使职权至本届人民代表大会任期届满为止。

第六节　地方各级人民代表大会代表

第三十八条 地方各级人民代表大会代表任期，从每届本级人民代表大会举行第一次会议开始，到下届本级人民代表大会举行第一次会议为止。

第三十九条　地方各级人民代表大会代表、常务委员会组成人员，在人民代表大会和常务委员会会议上的发言和表决，不受法律追究。

第四十条　县级以上的地方各级人民代表大会代表，非经本级人民代表大会主席团许可，在大会闭会期间，非经本级人民代表大会常务委员会许可，不受逮捕或者刑事审判。如果因为是现行犯被拘留，执行拘留的公安机关应当立即向该级人民代表大会主席团或者常务委员会报告。

第四十一条　地方各级人民代表大会代表在出席人民代表大会会议和执行代表职务的时候，国家根据需要给予往返的旅费和必要的物质上的便利或者补贴。

第四十二条　县级以上的地方各级人民代表大会代表向本级人民代表大会及其常务委员会提出的对各方面工作的建议、批评和意见，由本级人民代表大会常务委员会的办事机构交有关机关和组织研究办理并负责答复。

乡、民族乡、镇的人民代表大会代表向本级人民代表大会提出的对各方面工作的建议、批评和意见，由本级人民代表大会主席团交有关机关和组织研究办理并负责答复。

地方各级人民代表大会代表的建议、批评和意见的办理情况，由县级以上的地方各级人民代表大会常务委员会办事机构或者乡、民族乡、镇的人民代表大会主席团向本级人民代表大会常务委员会或者乡、民族乡、镇的人民代表大会报告，并予以公开。

第四十三条　地方各级人民代表大会代表应当与原选区选民

或者原选举单位和人民群众保持密切联系，听取和反映他们的意见和要求，充分发挥在发展全过程人民民主中的作用。

省、自治区、直辖市、自治州、设区的市的人民代表大会代表可以列席原选举单位的人民代表大会会议。

县、自治县、不设区的市、市辖区、乡、民族乡、镇的人民代表大会代表分工联系选民，有代表三人以上的居民地区或者生产单位可以组织代表小组。

地方各级人民代表大会代表应当向原选区选民或者原选举单位报告履职情况。

第四十四条 省、自治区、直辖市、自治州、设区的市的人民代表大会代表受原选举单位的监督；县、自治县、不设区的市、市辖区、乡、民族乡、镇的人民代表大会代表受选民的监督。

地方各级人民代表大会代表的选举单位和选民有权随时罢免自己选出的代表。代表的罢免必须由原选举单位以全体代表的过半数通过，或者由原选区以选民的过半数通过。

第四十五条 地方各级人民代表大会代表因故不能担任代表职务的时候，由原选举单位或者由原选区选民补选。

第三章 县级以上的地方各级人民代表大会常务委员会

第一节 常务委员会的组成和任期

第四十六条 省、自治区、直辖市、自治州、县、自治县、市、市辖区的人民代表大会设立常务委员会，对本级人民代表大会负责并报告工作。

第四十七条　省、自治区、直辖市、自治州、设区的市的人民代表大会常务委员会由本级人民代表大会在代表中选举主任、副主任若干人、秘书长、委员若干人组成。

县、自治县、不设区的市、市辖区的人民代表大会常务委员会由本级人民代表大会在代表中选举主任、副主任若干人和委员若干人组成。

常务委员会的组成人员不得担任国家行政机关、监察机关、审判机关和检察机关的职务；如果担任上述职务，必须向常务委员会辞去常务委员会的职务。

常务委员会组成人员的名额：

（一）省、自治区、直辖市四十五人至七十五人，人口超过八千万的省不超过九十五人；

（二）设区的市、自治州二十九人至五十一人，人口超过八百万的设区的市不超过六十一人；

（三）县、自治县、不设区的市、市辖区十五人至三十五人，人口超过一百万的县、自治县、不设区的市、市辖区不超过四十五人。

省、自治区、直辖市每届人民代表大会常务委员会组成人员的名额，由省、自治区、直辖市的人民代表大会依照前款规定，按人口多少并结合常务委员会组成人员结构的需要确定。自治州、县、自治县、市、市辖区每届人民代表大会常务委员会组成人员的名额，由省、自治区、直辖市的人民代表大会常务委员会依照前款规定，按人口多少并结合常务委员会组成人员结构的需要确定。每届人民代表大会常务委员会组成人员的名额经确定后，在本届人民代表大会的任期内不再变动。

第四十八条　县级以上的地方各级人民代表大会常务委员会

每届任期同本级人民代表大会每届任期相同，它行使职权到下届本级人民代表大会选出新的常务委员会为止。

第二节　常务委员会的职权

第四十九条　省、自治区、直辖市的人民代表大会常务委员会在本级人民代表大会闭会期间，根据本行政区域的具体情况和实际需要，在不同宪法、法律、行政法规相抵触的前提下，可以制定和颁布地方性法规，报全国人民代表大会常务委员会和国务院备案。

设区的市、自治州的人民代表大会常务委员会在本级人民代表大会闭会期间，根据本行政区域的具体情况和实际需要，在不同宪法、法律、行政法规和本省、自治区的地方性法规相抵触的前提下，可以依照法律规定的权限制定地方性法规，报省、自治区的人民代表大会常务委员会批准后施行，并由省、自治区的人民代表大会常务委员会报全国人民代表大会常务委员会和国务院备案。

省、自治区、直辖市以及设区的市、自治州的人民代表大会常务委员会根据区域协调发展的需要，可以开展协同立法。

第五十条　县级以上的地方各级人民代表大会常务委员会行使下列职权：

（一）在本行政区域内，保证宪法、法律、行政法规和上级人民代表大会及其常务委员会决议的遵守和执行；

（二）领导或者主持本级人民代表大会代表的选举；

（三）召集本级人民代表大会会议；

（四）讨论、决定本行政区域内的政治、经济、教育、科学、文化、卫生、生态环境保护、自然资源、城乡建设、民政、社会保障、民族等工作的重大事项和项目；

（五）根据本级人民政府的建议，审查和批准本行政区域内的国民经济和社会发展规划纲要、计划和本级预算的调整方案；

（六）监督本行政区域内的国民经济和社会发展规划纲要、计划和预算的执行，审查和批准本级决算，监督审计查出问题整改情况，审查监督政府债务；

（七）监督本级人民政府、监察委员会、人民法院和人民检察院的工作，听取和审议有关专项工作报告，组织执法检查，开展专题询问等；联系本级人民代表大会代表，受理人民群众对上述机关和国家工作人员的申诉和意见；

（八）监督本级人民政府对国有资产的管理，听取和审议本级人民政府关于国有资产管理情况的报告；

（九）听取和审议本级人民政府关于年度环境状况和环境保护目标完成情况的报告；

（十）听取和审议备案审查工作情况报告；

（十一）撤销下一级人民代表大会及其常务委员会的不适当的决议；

（十二）撤销本级人民政府的不适当的决定和命令；

（十三）在本级人民代表大会闭会期间，决定副省长、自治区副主席、副市长、副州长、副县长、副区长的个别任免；在省长、自治区主席、市长、州长、县长、区长和监察委员会主任、人民法院院长、人民检察院检察长因故不能担任职务的时候，根据主任会议的提名，从本级人民政府、监察委员会、人民法院、人民检察院副职领导人员中决定代理的人选；决定代理检察长，须报上一级人民检察院和人民代表大会常务委员会备案；

（十四）根据省长、自治区主席、市长、州长、县长、区长的提名，决定本级人民政府秘书长、厅长、局长、委员会主任、科长的任免，报上一级人民政府备案；

（十五）根据监察委员会主任的提名，任免监察委员会副主任、委员；

（十六）按照人民法院组织法和人民检察院组织法的规定，任免人民法院副院长、庭长、副庭长、审判委员会委员、审判员，任免人民检察院副检察长、检察委员会委员、检察员，批准任免下一级人民检察院检察长；省、自治区、直辖市的人民代表大会常务委员会根据主任会议的提名，决定在省、自治区内按地区设立的和在直辖市内设立的中级人民法院院长的任免，根据省、自治区、直辖市的人民检察院检察长的提名，决定人民检察院分院检察长的任免；

（十七）在本级人民代表大会闭会期间，决定撤销个别副省长、自治区副主席、副市长、副州长、副县长、副区长的职务；决定撤销由它任命的本级人民政府其他组成人员和监察委员会副主任、委员，人民法院副院长、庭长、副庭长、审判委员会委员、审判员，人民检察院副检察长、检察委员会委员、检察员，中级人民法院院长，人民检察院分院检察长的职务；

（十八）在本级人民代表大会闭会期间，补选上一级人民代表大会出缺的代表和罢免个别代表。

常务委员会讨论前款第四项规定的本行政区域内的重大事项和项目，可以作出决定或者决议，也可以将有关意见、建议送有关地方国家机关或者单位研究办理。有关办理情况应当及时向常务委员会报告。

第三节　常务委员会会议的举行

第五十一条　常务委员会会议由主任召集并主持，每两个月至少举行一次。遇有特殊需要时，可以临时召集常务委员会会议。主任可以委托副主任主持会议。

县级以上的地方各级人民政府、监察委员会、人民法院、人民检察院的负责人，列席本级人民代表大会常务委员会会议。

常务委员会会议有常务委员会全体组成人员过半数出席，始得举行。

常务委员会的决议，由常务委员会以全体组成人员的过半数通过。

第五十二条　县级以上的地方各级人民代表大会常务委员会主任会议可以向本级人民代表大会常务委员会提出属于常务委员会职权范围内的议案，由常务委员会会议审议。

县级以上的地方各级人民政府、人民代表大会各专门委员会，可以向本级人民代表大会常务委员会提出属于常务委员会职权范围内的议案，由主任会议决定提请常务委员会会议审议，或者先交有关的专门委员会审议、提出报告，再提请常务委员会会议审议。

省、自治区、直辖市、自治州、设区的市的人民代表大会常务委员会组成人员五人以上联名，县级的人民代表大会常务委员会组成人员三人以上联名，可以向本级常务委员会提出属于常务委员会职权范围内的议案，由主任会议决定是否提请常务委员会会议审议，或者先交有关的专门委员会审议、提出报告，再决定是否提请常务委员会会议审议。

第五十三条 在常务委员会会议期间，省、自治区、直辖市、自治州、设区的市的人民代表大会常务委员会组成人员五人以上联名，县级的人民代表大会常务委员会组成人员三人以上联名，可以向常务委员会书面提出对本级人民政府及其工作部门、监察委员会、人民法院、人民检察院的质询案。质询案必须写明质询对象、质询的问题和内容。

质询案由主任会议决定交由受质询机关在常务委员会全体会议上或者有关的专门委员会会议上口头答复，或者由受质询机关书面答复。在专门委员会会议上答复的，提质询案的常务委员会组成人员有权列席会议，发表意见；主任会议认为必要的时候，可以将答复质询案的情况报告印发会议。

质询案以口头答复的，应当由受质询机关的负责人到会答复；质询案以书面答复的，应当由受质询机关的负责人签署，由主任会议印发会议或者印发提质询案的常务委员会组成人员。

第五十四条 省、自治区、直辖市、自治州、设区的市的人民代表大会常务委员会主任、副主任和秘书长组成主任会议；县、自治县、不设区的市、市辖区的人民代表大会常务委员会主任、副主任组成主任会议。

主任会议处理常务委员会的重要日常工作：

（一）决定常务委员会每次会议的会期，拟订会议议程草案，必要时提出调整会议议程的建议；

（二）对向常务委员会提出的议案和质询案，决定交由有关的专门委员会审议或者提请常务委员会全体会议审议；

（三）决定是否将议案和决定草案、决议草案提请常务委员会全体会议表决，对暂不交付表决的，提出下一步处理意见；

（四）通过常务委员会年度工作计划等；

（五）指导和协调专门委员会的日常工作；

（六）其他重要日常工作。

第五十五条　常务委员会主任因为健康情况不能工作或者缺位的时候，由常务委员会在副主任中推选一人代理主任的职务，直到主任恢复健康或者人民代表大会选出新的主任为止。

第四节　常务委员会各委员会和工作机构

第五十六条　县级以上的地方各级人民代表大会常务委员会设立代表资格审查委员会。

代表资格审查委员会的主任委员、副主任委员和委员的人选，由常务委员会主任会议在常务委员会组成人员中提名，常务委员会任免。

第五十七条　代表资格审查委员会审查代表的选举是否符合法律规定。

第五十八条　主任会议或者五分之一以上的常务委员会组成人员书面联名，可以向本级人民代表大会常务委员会提议组织关于特定问题的调查委员会，由全体会议决定。

调查委员会由主任委员、副主任委员和委员组成，由主任会议在常务委员会组成人员和其他代表中提名，提请全体会议通过。

调查委员会应当向本级人民代表大会常务委员会提出调查报告。常务委员会根据调查委员会的报告，可以作出相应的决议。

第五十九条　常务委员会根据工作需要，设立办事机构和法制工作委员会、预算工作委员会、代表工作委员会等工作机构。

省、自治区的人民代表大会常务委员会可以在地区设立工作机构。

市辖区、不设区的市的人民代表大会常务委员会可以在街道设立工作机构。工作机构负责联系街道辖区内的人民代表大会代表，组织代表开展活动，反映代表和群众的建议、批评和意见，办理常务委员会交办的监督、选举以及其他工作，并向常务委员会报告工作。

县、自治县的人民代表大会常务委员会可以比照前款规定，在街道设立工作机构。

第六十条 县级以上的地方各级人民代表大会常务委员会和各专门委员会、工作机构应当建立健全常务委员会组成人员和各专门委员会、工作机构联系代表的工作机制，支持和保障代表依法履职，扩大代表对各项工作的参与，充分发挥代表作用。

县级以上的地方各级人民代表大会常务委员会通过建立基层联系点、代表联络站等方式，密切同人民群众的联系，听取对立法、监督等工作的意见和建议。

第四章 地方各级人民政府

第一节 一般规定

第六十一条 省、自治区、直辖市、自治州、县、自治县、市、市辖区、乡、民族乡、镇设立人民政府。

第六十二条 地方各级人民政府应当维护宪法和法律权威，坚持依法行政，建设职能科学、权责法定、执法严明、公开公正、智能高效、廉洁诚信、人民满意的法治政府。

第六十三条 地方各级人民政府应当坚持以人民为中心，全心全意为人民服务，提高行政效能，建设服务型政府。

第六十四条　地方各级人民政府应当严格执行廉洁从政各项规定，加强廉政建设，建设廉洁政府。

第六十五条　地方各级人民政府应当坚持诚信原则，加强政务诚信建设，建设诚信政府。

第六十六条　地方各级人民政府应当坚持政务公开，全面推进决策、执行、管理、服务、结果公开，依法、及时、准确公开政府信息，推进政务数据有序共享，提高政府工作的透明度。

第六十七条　地方各级人民政府应当坚持科学决策、民主决策、依法决策，提高决策的质量。

第六十八条　地方各级人民政府应当依法接受监督，确保行政权力依法正确行使。

第六十九条　地方各级人民政府对本级人民代表大会和上一级国家行政机关负责并报告工作。县级以上的地方各级人民政府在本级人民代表大会闭会期间，对本级人民代表大会常务委员会负责并报告工作。

全国地方各级人民政府都是国务院统一领导下的国家行政机关，都服从国务院。

地方各级人民政府实行重大事项请示报告制度。

第二节　地方各级人民政府的组成和任期

第七十条　省、自治区、直辖市、自治州、设区的市的人民政府分别由省长、副省长，自治区主席、副主席，市长、副市长，州长、副州长和秘书长、厅长、局长、委员会主任等组成。

县、自治县、不设区的市、市辖区的人民政府分别由县长、副县长，市长、副市长，区长、副区长和局长、科长等组成。

乡、民族乡的人民政府设乡长、副乡长。民族乡的乡长由建立民族乡的少数民族公民担任。镇人民政府设镇长、副镇长。

第七十一条 新的一届人民政府领导人员依法选举产生后，应当在两个月内提请本级人民代表大会常务委员会任命人民政府秘书长、厅长、局长、委员会主任、科长。

第七十二条 地方各级人民政府每届任期五年。

第三节 地方各级人民政府的职权

第七十三条 县级以上的地方各级人民政府行使下列职权：

（一）执行本级人民代表大会及其常务委员会的决议，以及上级国家行政机关的决定和命令，规定行政措施，发布决定和命令；

（二）领导所属各工作部门和下级人民政府的工作；

（三）改变或者撤销所属各工作部门的不适当的命令、指示和下级人民政府的不适当的决定、命令；

（四）依照法律的规定任免、培训、考核和奖惩国家行政机关工作人员；

（五）编制和执行国民经济和社会发展规划纲要、计划和预算，管理本行政区域内的经济、教育、科学、文化、卫生、体育、城乡建设等事业和生态环境保护、自然资源、财政、民政、社会保障、公安、民族事务、司法行政、人口与计划生育等行政工作；

（六）保护社会主义的全民所有的财产和劳动群众集体所有的财产，保护公民私人所有的合法财产，维护社会秩序，保障公民的人身权利、民主权利和其他权利；

（七）履行国有资产管理职责；

（八）保护各种经济组织的合法权益；

（九）铸牢中华民族共同体意识，促进各民族广泛交往交流交融，保障少数民族的合法权利和利益，保障少数民族保持或者改革自己的风俗习惯的自由，帮助本行政区域内的民族自治地方依照宪法和法律实行区域自治，帮助各少数民族发展政治、经济和文化的建设事业；

（十）保障宪法和法律赋予妇女的男女平等、同工同酬和婚姻自由等各项权利；

（十一）办理上级国家行政机关交办的其他事项。

第七十四条　省、自治区、直辖市的人民政府可以根据法律、行政法规和本省、自治区、直辖市的地方性法规，制定规章，报国务院和本级人民代表大会常务委员会备案。设区的市、自治州的人民政府可以根据法律、行政法规和本省、自治区的地方性法规，依照法律规定的权限制定规章，报国务院和省、自治区的人民代表大会常务委员会、人民政府以及本级人民代表大会常务委员会备案。

依照前款规定制定规章，须经各该级政府常务会议或者全体会议讨论决定。

第七十五条　县级以上的地方各级人民政府制定涉及个人、组织权利义务的规范性文件，应当依照法定权限和程序，进行评估论证、公开征求意见、合法性审查、集体讨论决定，并予以公布和备案。

第七十六条　乡、民族乡、镇的人民政府行使下列职权：

（一）执行本级人民代表大会的决议和上级国家行政机关的决定和命令，发布决定和命令；

（二）执行本行政区域内的经济和社会发展计划、预算，管理本行政区域内的经济、教育、科学、文化、卫生、体育等事业和生态环境保护、财政、民政、社会保障、公安、司法行政、人口与计划生育等行政工作；

（三）保护社会主义的全民所有的财产和劳动群众集体所有的财产，保护公民私人所有的合法财产，维护社会秩序，保障公民的人身权利、民主权利和其他权利；

（四）保护各种经济组织的合法权益；

（五）铸牢中华民族共同体意识，促进各民族广泛交往交流交融，保障少数民族的合法权利和利益，保障少数民族保持或者改革自己的风俗习惯的自由；

（六）保障宪法和法律赋予妇女的男女平等、同工同酬和婚姻自由等各项权利；

（七）办理上级人民政府交办的其他事项。

第七十七条 地方各级人民政府分别实行省长、自治区主席、市长、州长、县长、区长、乡长、镇长负责制。

省长、自治区主席、市长、州长、县长、区长、乡长、镇长分别主持地方各级人民政府的工作。

第七十八条 县级以上的地方各级人民政府会议分为全体会议和常务会议。全体会议由本级人民政府全体成员组成。省、自治区、直辖市、自治州、设区的市的人民政府常务会议，分别由省长、副省长，自治区主席、副主席，市长、副市长，州长、副州长和秘书长组成。县、自治县、不设区的市、市辖区的人民政府常务会议，分别由县长、副县长，市长、副市长，区长、副区长组成。省长、自治区主席、市长、州长、县长、区长召集和主持本级人民政府全体会议和常务会议。政府工作中的重大问题，须经政府常务会议或者全体会议讨论决定。

第四节　地方各级人民政府的机构设置

第七十九条　地方各级人民政府根据工作需要和优化协同高效以及精干的原则，设立必要的工作部门。

县级以上的地方各级人民政府设立审计机关。地方各级审计机关依照法律规定独立行使审计监督权，对本级人民政府和上一级审计机关负责。

省、自治区、直辖市的人民政府的厅、局、委员会等工作部门和自治州、县、自治县、市、市辖区的人民政府的局、科等工作部门的设立、增加、减少或者合并，按照规定程序报请批准，并报本级人民代表大会常务委员会备案。

第八十条　县级以上的地方各级人民政府根据国家区域发展战略，结合地方实际需要，可以共同建立跨行政区划的区域协同发展工作机制，加强区域合作。

上级人民政府应当对下级人民政府的区域合作工作进行指导、协调和监督。

第八十一条　县级以上的地方各级人民政府根据应对重大突发事件的需要，可以建立跨部门指挥协调机制。

第八十二条　各厅、局、委员会、科分别设厅长、局长、主任、科长，在必要的时候可以设副职。

办公厅、办公室设主任，在必要的时候可以设副主任。

省、自治区、直辖市、自治州、设区的市的人民政府设秘书长一人，副秘书长若干人。

第八十三条　省、自治区、直辖市的人民政府的各工作部门受人民政府统一领导，并且依照法律或者行政法规的规定受国务院主管部门的业务指导或者领导。

自治州、县、自治县、市、市辖区的人民政府的各工作部门受人民政府统一领导，并且依照法律或者行政法规的规定受上级人民政府主管部门的业务指导或者领导。

第八十四条 省、自治区、直辖市、自治州、县、自治县、市、市辖区的人民政府应当协助设立在本行政区域内不属于自己管理的国家机关、企业、事业单位进行工作，并且监督它们遵守和执行法律和政策。

第八十五条 省、自治区的人民政府在必要的时候，经国务院批准，可以设立若干派出机关。

县、自治县的人民政府在必要的时候，经省、自治区、直辖市的人民政府批准，可以设立若干区公所，作为它的派出机关。

市辖区、不设区的市的人民政府，经上一级人民政府批准，可以设立若干街道办事处，作为它的派出机关。

第八十六条 街道办事处在本辖区内办理派出它的人民政府交办的公共服务、公共管理、公共安全等工作，依法履行综合管理、统筹协调、应急处置和行政执法等职责，反映居民的意见和要求。

第八十七条 乡、民族乡、镇的人民政府和市辖区、不设区的市的人民政府或者街道办事处对基层群众性自治组织的工作给予指导、支持和帮助。基层群众性自治组织协助乡、民族乡、镇的人民政府和市辖区、不设区的市的人民政府或者街道办事处开展工作。

第八十八条 乡、民族乡、镇的人民政府和街道办事处可以根据实际情况建立居民列席有关会议的制度。

第五章　附　　则

第八十九条　自治区、自治州、自治县的自治机关除行使本法规定的职权外，同时依照宪法、民族区域自治法和其他法律规定的权限行使自治权。

第九十条　省、自治区、直辖市的人民代表大会及其常务委员会可以根据本法和实际情况，对执行中的问题作具体规定。

/ 第二章 /

选举任免的监察官法、法官法、检察官法依据

第一节　中华人民共和国监察官法

一、情况概述[1]

制定监察官法是深化国家监察体制改革的一项重要任务，是落实宪法和监察法规定的重要举措，是促进监察官依法履行职责的重要保障，是建设高素质专业化监察官队伍的现实需要。监察官法起草工作遵循以下思路和原则：一是坚持党管干部原则；将党的领导融入监察官选用管理的各方面，把坚持党的领导、执行党和国家路线方针政策和决策部署明确为监察官法定义务，在任免、考核中强调干部管理权限；二是坚持从严管理。坚守责任法定，明确监察官法定职责，聚焦履职风险点建立健全监督制约机制，确保监察权规范正确行使；三是坚持改革创新。解放思想，实事求是，注意总结吸收监察体制改革、党和国家机构改革后纪检监察干部队伍建设的新经验新成果，并为今后的改革预留一定制度空间；四是体现监察工作特色。既吸收借鉴法官法、检察官

---

〔1〕 吴玉良：《关于〈中华人民共和国监察官法（草案）〉的说明》，中国人大网，http：//www.npc.gov.cn/npc/c30834/202108/e438b7ae17534e63a3a1d18bb725db98.shtml。

法、人民警察法等法律的相关规定，体现推进依法治国、加强队伍建设的共性要求，又结合监察工作的特点和规律，在选任条件、履职方式、等级设置、监督管理等方面体现监察特色。

监察官法分为9章，共68条，2021年8月20日第十三届全国人民代表大会常务委员会第三十次会议通过，自2022年1月1日起施行。主要明确了以下内容：监察官的范围和基本要求；监察官职责、义务和权利；监察官的条件和选用；监察官的任免；监察官的管理、考核和奖励；监察官的监督和惩戒；监察官的职业保障等。

二、中华人民共和国监察官法

（2021年8月20日第十三届全国人民代表大会常务委员会第三十次会议通过）

目　　录

第一章 总 则

第一条 为了加强对监察官的管理和监督，保障监察官依法履行职责，维护监察官合法权益，推进高素质专业化监察官队伍建设，推进监察工作规范化、法治化，根据宪法和《中华人民共和国监察法》，制定本法。

第二条 监察官的管理和监督坚持中国共产党领导，坚持以马克思列宁主义、毛泽东思想、邓小平理论、“三个代表”重要思想、科学发展观、习近平新时代中国特色社会主义思想为指导，坚持党管干部原则，增强监察官的使命感、责任感、荣誉感，建设忠诚干净担当的监察官队伍。

第三条 监察官包括下列人员：

（一）各级监察委员会的主任、副主任、委员；

（二）各级监察委员会机关中的监察人员；

（三）各级监察委员会派驻或者派出到中国共产党机关、国家机关、法律法规授权或者委托管理公共事务的组织和单位以及所管辖的行政区域等的监察机构中的监察人员、监察专员；

（四）其他依法行使监察权的监察机构中的监察人员。

对各级监察委员会派驻到国有企业的监察机构工作人员、监察专员，以及国有企业中其他依法行使监察权的监察机构工作人员的监督管理，参照执行本法有关规定。

第四条 监察官应当忠诚坚定、担当尽责、清正廉洁，做严格自律、作风优良、拒腐防变的表率。

第五条 监察官应当维护宪法和法律的尊严和权威，以事实为根据，以法律为准绳，客观公正地履行职责，保障当事人的合法权益。

第六条 监察官应当严格按照规定的权限和程序履行职责，坚持民主集中制，重大事项集体研究。

第七条 监察机关应当建立健全对监察官的监督制度和机制，确保权力受到严格约束。

监察官应当自觉接受组织监督和民主监督、社会监督、舆论监督。

第八条 监察官依法履行职责受法律保护，不受行政机关、社会团体和个人的干涉。

第二章 监察官的职责、义务和权利

第九条 监察官依法履行下列职责：

（一）对公职人员开展廉政教育；

（二）对公职人员依法履职、秉公用权、廉洁从政从业以及道德操守情况进行监督检查；

（三）对法律规定由监察机关管辖的职务违法和职务犯罪进行调查；

（四）根据监督、调查的结果，对办理的监察事项提出处置意见；

（五）开展反腐败国际合作方面的工作；

（六）法律规定的其他职责。

监察官在职权范围内对所办理的监察事项负责。

第十条 监察官应当履行下列义务：

（一）自觉坚持中国共产党领导，严格执行中国共产党和国家的路线方针政策、重大决策部署；

（二）模范遵守宪法和法律；

（三）维护国家和人民利益，秉公执法，勇于担当、敢于监督，坚决同腐败现象作斗争；

（四）依法保障监察对象及有关人员的合法权益；

（五）忠于职守，勤勉尽责，努力提高工作质量和效率；

（六）保守国家秘密和监察工作秘密，对履行职责中知悉的商业秘密和个人隐私、个人信息予以保密；

（七）严守纪律，恪守职业道德，模范遵守社会公德、家庭美德；

（八）自觉接受监督；

（九）法律规定的其他义务。

第十一条　监察官享有下列权利：

（一）履行监察官职责应当具有的职权和工作条件；

（二）履行监察官职责应当享有的职业保障和福利待遇；

（三）人身、财产和住所安全受法律保护；

（四）提出申诉或者控告；

（五）《中华人民共和国公务员法》等法律规定的其他权利。

第三章　监察官的条件和选用

第十二条　担任监察官应当具备下列条件：

（一）具有中华人民共和国国籍；

（二）忠于宪法，坚持中国共产党领导和社会主义制度；

（三）具有良好的政治素质、道德品行和廉洁作风；

（四）熟悉法律、法规、政策，具有履行监督、调查、处置等职责的专业知识和能力；

（五）具有正常履行职责的身体条件和心理素质；

（六）具备高等学校本科及以上学历；

（七）法律规定的其他条件。

本法施行前的监察人员不具备前款第六项规定的学历条件的，应当接受培训和考核，具体办法由国家监察委员会制定。

第十三条 有下列情形之一的，不得担任监察官：

（一）因犯罪受过刑事处罚，以及因犯罪情节轻微被人民检察院依法作出不起诉决定或者被人民法院依法免予刑事处罚的；

（二）被撤销中国共产党党内职务、留党察看、开除党籍的；

（三）被撤职或者开除公职的；

（四）被依法列为失信联合惩戒对象的；

（五）配偶已移居国（境）外，或者没有配偶但是子女均已移居国（境）外的；

（六）法律规定的其他情形。

第十四条 监察官的选用，坚持德才兼备、以德为先，坚持五湖四海、任人唯贤，坚持事业为上、公道正派，突出政治标准，注重工作实绩。

第十五条 监察官采用考试、考核的办法，从符合监察官条件的人员中择优选用。

第十六条 录用监察官，应当依照法律和国家有关规定采取公开考试、严格考察、平等竞争、择优录取的办法。

第十七条 监察委员会可以根据监察工作需要，依照法律和国家有关规定从中国共产党机关、国家机关、事业单位、国有企业等机关、单位从事公务的人员中选择符合任职条件的人员担任监察官。

第十八条 监察委员会可以根据监察工作需要，依照法律和国家有关规定在从事与监察机关职能职责相关的职业或者教学、研究的人员中选拔或者聘任符合任职条件的人员担任监察官。

第四章　监察官的任免

第十九条　国家监察委员会主任由全国人民代表大会选举和罢免，副主任、委员由国家监察委员会主任提请全国人民代表大会常务委员会任免。

地方各级监察委员会主任由本级人民代表大会选举和罢免，副主任、委员由监察委员会主任提请本级人民代表大会常务委员会任免。

新疆生产建设兵团各级监察委员会主任、副主任、委员，由新疆维吾尔自治区监察委员会主任提请自治区人民代表大会常务委员会任免。

其他监察官的任免，按照管理权限和规定的程序办理。

第二十条　监察官就职时应当依照法律规定进行宪法宣誓。

第二十一条　监察官有下列情形之一的，应当免去其监察官职务：

（一）丧失中华人民共和国国籍的；

（二）职务变动不需要保留监察官职务的；

（三）退休的；

（四）辞职或者依法应当予以辞退的；

（五）因违纪违法被调离或者开除的；

（六）法律规定的其他情形。

第二十二条　监察官不得兼任人民代表大会常务委员会的组成人员，不得兼任行政机关、审判机关、检察机关的职务，不得兼任企业或者其他营利性组织、事业单位的职务，不得兼任人民陪审员、人民监督员、执业律师、仲裁员和公证员。

监察官因工作需要兼职的，应当按照管理权限批准，但是不得领取兼职报酬。

第二十三条 监察官担任县级、设区的市级监察委员会主任的，应当按照有关规定实行地域回避。

第二十四条 监察官之间有夫妻关系、直系血亲关系、三代以内旁系血亲以及近姻亲关系的，不得同时担任下列职务：

（一）同一监察委员会的主任、副主任、委员，上述人员和其他监察官；

（二）监察委员会机关同一部门的监察官；

（三）同一派驻机构、派出机构或者其他监察机构的监察官；

（四）上下相邻两级监察委员会的主任、副主任、委员。

第五章 监察官的管理

第二十五条 监察官等级分为十三级，依次为总监察官、一级副总监察官、二级副总监察官，一级高级监察官、二级高级监察官、三级高级监察官、四级高级监察官，一级监察官、二级监察官、三级监察官、四级监察官、五级监察官、六级监察官。

第二十六条 国家监察委员会主任为总监察官。

第二十七条 监察官等级的确定，以监察官担任的职务职级、德才表现、业务水平、工作实绩和工作年限等为依据。

监察官等级晋升采取按期晋升和择优选升相结合的方式，特别优秀或者作出特别贡献的，可以提前选升。

第二十八条 监察官的等级设置、确定和晋升的具体办法，由国家另行规定。

第二十九条　初任监察官实行职前培训制度。

第三十条　对监察官应当有计划地进行政治、理论和业务培训。

培训应当突出政治机关特色，坚持理论联系实际、按需施教、讲求实效，提高专业能力。

监察官培训情况，作为监察官考核的内容和任职、等级晋升的依据之一。

第三十一条　监察官培训机构按照有关规定承担培训监察官的任务。

第三十二条　国家加强监察学科建设，鼓励具备条件的普通高等学校设置监察专业或者开设监察课程，培养德才兼备的高素质监察官后备人才，提高监察官的专业能力。

第三十三条　监察官依照法律和国家有关规定实行任职交流。

第三十四条　监察官申请辞职，应当由本人书面提出，按照管理权限批准后，依照规定的程序免去其职务。

第三十五条　监察官有依法应当予以辞退情形的，依照规定的程序免去其职务。

辞退监察官应当按照管理权限决定。辞退决定应当以书面形式通知被辞退的监察官，并列明作出决定的理由和依据。

第六章　监察官的考核和奖励

第三十六条　对监察官的考核，应当全面、客观、公正，实行平时考核、专项考核和年度考核相结合。

第三十七条 监察官的考核应当按照管理权限，全面考核监察官的德、能、勤、绩、廉，重点考核政治素质、工作实绩和廉洁自律情况。

第三十八条 年度考核结果分为优秀、称职、基本称职和不称职四个等次。

考核结果作为调整监察官等级、工资以及监察官奖惩、免职、降职、辞退的依据。

第三十九条 年度考核结果以书面形式通知监察官本人。监察官对考核结果如果有异议，可以申请复核。

第四十条 对在监察工作中有显著成绩和贡献，或者有其他突出事迹的监察官、监察官集体，给予奖励。

第四十一条 监察官有下列表现之一的，给予奖励：

（一）履行监督职责，成效显著的；

（二）在调查、处置职务违法和职务犯罪工作中，做出显著成绩和贡献的；

（三）提出有价值的监察建议，对防止和消除重大风险隐患效果显著的；

（四）研究监察理论、总结监察实践经验成果突出，对监察工作有指导作用的；

（五）有其他功绩的。

监察官的奖励按照有关规定办理。

第七章 监察官的监督和惩戒

第四十二条 监察机关应当规范工作流程，加强内部监督制约机制建设，强化对监察官执行职务和遵守法律情况的监督。

第四十三条　任何单位和个人对监察官的违纪违法行为，有权检举、控告。受理检举、控告的机关应当及时调查处理，并将结果告知检举人、控告人。

对依法检举、控告的单位和个人，任何人不得压制和打击报复。

第四十四条　对于审判机关、检察机关、执法部门等移送的监察官违纪违法履行职责的问题线索，监察机关应当及时调查处理。

第四十五条　监察委员会根据工作需要，按照规定从各方面代表中聘请特约监察员等监督人员，对监察官履行职责情况进行监督，提出加强和改进监察工作的意见、建议。

第四十六条　监察官不得打听案情、过问案件、说情干预。对于上述行为，办理监察事项的监察官应当及时向上级报告。有关情况应当登记备案。

办理监察事项的监察官未经批准不得接触被调查人、涉案人员及其特定关系人，或者与其进行交往。对于上述行为，知悉情况的监察官应当及时向上级报告。有关情况应当登记备案。

第四十七条　办理监察事项的监察官有下列情形之一的，应当自行回避，监察对象、检举人、控告人及其他有关人员也有权要求其回避；没有主动申请回避的，监察机关应当依法决定其回避：

（一）是监察对象或者检举人、控告人的近亲属的；

（二）担任过本案的证人的；

（三）本人或者其近亲属与办理的监察事项有利害关系的；

（四）有可能影响监察事项公正处理的其他情形的。

第四十八条　监察官应当严格执行保密制度，控制监察事项知悉范围和时间，不得私自留存、隐匿、查阅、摘抄、复制、携带问题线索和涉案资料，严禁泄露监察工作秘密。

监察官离岗离职后，应当遵守脱密期管理规定，严格履行保密义务，不得泄露相关秘密。

第四十九条 监察官离任三年内，不得从事与监察和司法工作相关联且可能发生利益冲突的职业。

监察官离任后，不得担任原任职监察机关办理案件的诉讼代理人或者辩护人，但是作为当事人的监护人或者近亲属代理诉讼、进行辩护的除外。

监察官被开除后，不得担任诉讼代理人或者辩护人，但是作为当事人的监护人或者近亲属代理诉讼、进行辩护的除外。

第五十条 监察官应当遵守有关规范领导干部配偶、子女及其配偶经商办企业行为的规定。违反规定的，予以处理。

第五十一条 监察官的配偶、父母、子女及其配偶不得以律师身份担任该监察官所任职监察机关办理案件的诉讼代理人、辩护人，或者提供其他有偿法律服务。

第五十二条 监察官有下列行为之一的，依法给予处理；构成犯罪的，依法追究刑事责任：

（一）贪污贿赂的；

（二）不履行或者不正确履行监督职责，应当发现的问题没有发现，或者发现问题不报告、不处置，造成恶劣影响的；

（三）未经批准、授权处置问题线索，发现重大案情隐瞒不报，或者私自留存、处理涉案材料的；

（四）利用职权或者职务上的影响干预调查工作、以案谋私的；

（五）窃取、泄露调查工作信息，或者泄露举报事项、举报受理情况以及举报人信息的；

（六）隐瞒、伪造、变造、故意损毁证据、案件材料的；

（七）对被调查人或者涉案人员逼供、诱供，或者侮辱、打骂、虐待、体罚、变相体罚的；

（八）违反规定采取调查措施或者处置涉案财物的；

（九）违反规定发生办案安全事故，或者发生安全事故后隐瞒不报、报告失实、处置不当的；

（十）其他职务违法犯罪行为。

监察官有其他违纪违法行为，影响监察官队伍形象，损害国家和人民利益的，依法追究相应责任。

第五十三条 监察官涉嫌违纪违法，已经被立案审查、调查、侦查，不宜继续履行职责的，按照管理权限和规定的程序暂时停止其履行职务。

第五十四条 实行监察官责任追究制度，对滥用职权、失职失责造成严重后果的，终身追究责任或者进行问责。

监察官涉嫌严重职务违法、职务犯罪或者对案件处置出现重大失误的，应当追究负有责任的领导人员和直接责任人员的责任。

第八章 监察官的职业保障

第五十五条 除下列情形外，不得将监察官调离：

（一）按规定需要任职回避的；

（二）按规定实行任职交流的；

（三）因机构、编制调整需要调整工作的；

（四）因违纪违法不适合继续从事监察工作的；

（五）法律规定的其他情形。

第五十六条 任何单位或者个人不得要求监察官从事超出法定职责范围的事务。

对任何干涉监察官依法履职的行为，监察官有权拒绝并予以全面如实记录和报告；有违纪违法情形的，由有关机关根据情节轻重追究有关人员的责任。

第五十七条 监察官的职业尊严和人身安全受法律保护。

任何单位和个人不得对监察官及其近亲属打击报复。

对监察官及其近亲属实施报复陷害、侮辱诽谤、暴力侵害、威胁恐吓、滋事骚扰等违法犯罪行为的，应当依法从严惩治。

第五十八条 监察官因依法履行职责遭受不实举报、诬告陷害、侮辱诽谤，致使名誉受到损害的，监察机关应当会同有关部门及时澄清事实，消除不良影响，并依法追究相关单位或者个人的责任。

第五十九条 监察官因依法履行职责，本人及其近亲属人身安全面临危险的，监察机关、公安机关应当对监察官及其近亲属采取人身保护、禁止特定人员接触等必要保护措施。

第六十条 监察官实行国家规定的工资制度，享受监察官等级津贴和其他津贴、补贴、奖金、保险、福利待遇。监察官的工资及等级津贴制度，由国家另行规定。

第六十一条 监察官因公致残的，享受国家规定的伤残待遇。监察官因公牺牲或者病故的，其亲属享受国家规定的抚恤和优待。

第六十二条 监察官退休后，享受国家规定的养老金和其他待遇。

第六十三条 对于国家机关及其工作人员侵犯监察官权利的行为，监察官有权提出控告。

受理控告的机关应当依法调查处理，并将调查处理结果及时告知本人。

第六十四条　监察官对涉及本人的政务处分、处分和人事处理不服的，可以依照规定的程序申请复审、复核，提出申诉。

第六十五条　对监察官的政务处分、处分或者人事处理错误的，应当及时予以纠正；造成名誉损害的，应当恢复名誉、消除影响、赔礼道歉；造成经济损失的，应当赔偿。对打击报复的直接责任人员，应当依法追究其责任。

第九章　附　　则

第六十六条　有关监察官的权利、义务和管理制度，本法已有规定的，适用本法的规定；本法未作规定的，适用《中华人民共和国公务员法》等法律法规的规定。

第六十七条　中国人民解放军和中国人民武装警察部队的监察官制度，按照国家和军队有关规定执行。

第六十八条　本法自2022年1月1日起施行。

第二节　中华人民共和国法官法

一、历史沿革[1]

法官法是规范审判权行使主体、构建我国法官制度的专门法

〔1〕 周强：《关于〈中华人民共和国法官法（修订草案）〉的说明》，中国人大网，http：//www. npc. gov. cn/zgrdw/npc/xinwen/2019－04/23/content_ 2086166. htm。

律，是完善法官队伍管理、提高法官职业保障的基本依据。法官法于1995年2月28日经第八届全国人民代表大会常务委员会第十二次会议通过，自1995年7月1日起施行。2001年6月30日，根据第九届全国人民代表大会常务委员会第二十二次会议的有关决定，对法官法进行了第一次修正。2017年9月1日，根据第十二届全国人民代表大会常务委员会第二十九次会议的有关决定，对法官法进行了第二次修正。这部法律明确规定了法官的义务权利、选任管理、培训考核、任职回避、工资福利、辞职辞退等制度，对于提高法官队伍素质、推进建立法官制度、加强法官职业化建设发挥了十分重要的作用。随着依法治国方略逐步推进，司法体制改革不断深化，人民法院工作出现了许多新情况新问题，对法院队伍建设和法官管理体制提出了新的更高要求，于是最高人民法院启动了对法官法的修改工作。修改工作遵循以下基本原则：一是努力体现司法体制改革成果，使党中央重大决策部署通过法定程序成为国家意志，用法律制度巩固司法责任制改革成果；二是准确把握法官法的调整范围，妥善处理与人民法院组织法、公务员法等法律的关系；三是对一些实践不够、尚未形成共识的问题，只作原则性规定或者暂不作规定。

现行法官法于2019年4月23日第十三届全国人民代表大会常务委员会第十次会议通过，自2019年10月1日起施行。此次修改工作立足审判工作规律及法官职业特点，充分吸收本轮司法体制改革成果，对法官管理制度进行了全面完善，为推进高素质法官队伍建设提供了制度保障。法官法共8章69条，修改内容主要包括：一是现行法官法施行以来，全国人大及其常委会有关法官法的新规定；二是人民法院组织法（修订草案）、法官法等8部法律修正案草案调整的内容；三是深化司法体制改革的有关成果。

二、中华人民共和国法官法

（1995 年 2 月 28 日第八届全国人民代表大会常务委员会第十二次会议通过　根据 2001 年 6 月 30 日第九届全国人民代表大会常务委员会第二十二次会议《关于修改〈中华人民共和国法官法〉的决定》第一次修正　根据 2017 年 9 月 1 日第十二届全国人民代表大会常务委员会第二十九次会议《关于修改〈中华人民共和国法官法〉等八部法律的决定》第二次修正　2019 年 4 月 23 日第十三届全国人民代表大会常务委员会第十次会议修订）

目　　录

第一章　总　　则

第一条　为了全面推进高素质法官队伍建设，加强对法官的管理和监督，维护法官合法权益，保障人民法院依法独立行使审判权，保障法官依法履行职责，保障司法公正，根据宪法，制定本法。

第二条 法官是依法行使国家审判权的审判人员，包括最高人民法院、地方各级人民法院和军事法院等专门人民法院的院长、副院长、审判委员会委员、庭长、副庭长和审判员。

第三条 法官必须忠实执行宪法和法律，维护社会公平正义，全心全意为人民服务。

第四条 法官应当公正对待当事人和其他诉讼参与人，对一切个人和组织在适用法律上一律平等。

第五条 法官应当勤勉尽责，清正廉明，恪守职业道德。

第六条 法官审判案件，应当以事实为根据，以法律为准绳，秉持客观公正的立场。

第七条 法官依法履行职责，受法律保护，不受行政机关、社会团体和个人的干涉。

第二章 法官的职责、义务和权利

第八条 法官的职责：

（一）依法参加合议庭审判或者独任审判刑事、民事、行政诉讼以及国家赔偿等案件；

（二）依法办理引渡、司法协助等案件；

（三）法律规定的其他职责。

法官在职权范围内对所办理的案件负责。

第九条 人民法院院长、副院长、审判委员会委员、庭长、副庭长除履行审判职责外，还应当履行与其职务相适应的职责。

第十条 法官应当履行下列义务：

（一）严格遵守宪法和法律；

（二）秉公办案，不得徇私枉法；

（三）依法保障当事人和其他诉讼参与人的诉讼权利；

（四）维护国家利益、社会公共利益，维护个人和组织的合法权益；

（五）保守国家秘密和审判工作秘密，对履行职责中知悉的商业秘密和个人隐私予以保密；

（六）依法接受法律监督和人民群众监督；

（七）通过依法办理案件以案释法，增强全民法治观念，推进法治社会建设；

（八）法律规定的其他义务。

第十一条　法官享有下列权利：

（一）履行法官职责应当具有的职权和工作条件；

（二）非因法定事由、非经法定程序，不被调离、免职、降职、辞退或者处分；

（三）履行法官职责应当享有的职业保障和福利待遇；

（四）人身、财产和住所安全受法律保护；

（五）提出申诉或者控告；

（六）法律规定的其他权利。

第三章　法官的条件和遴选

第十二条　担任法官必须具备下列条件：

（一）具有中华人民共和国国籍；

（二）拥护中华人民共和国宪法，拥护中国共产党领导和社会主义制度；

（三）具有良好的政治、业务素质和道德品行；

（四）具有正常履行职责的身体条件；

（五）具备普通高等学校法学类本科学历并获得学士及以上学位；或者普通高等学校非法学类本科及以上学历并获得法律硕士、法学硕士及以上学位；或者普通高等学校非法学类本科及以上学历，获得其他相应学位，并具有法律专业知识；

（六）从事法律工作满五年。其中获得法律硕士、法学硕士学位，或者获得法学博士学位的，从事法律工作的年限可以分别放宽至四年、三年；

（七）初任法官应当通过国家统一法律职业资格考试取得法律职业资格。

适用前款第五项规定的学历条件确有困难的地方，经最高人民法院审核确定，在一定期限内，可以将担任法官的学历条件放宽为高等学校本科毕业。

第十三条　下列人员不得担任法官：

（一）因犯罪受过刑事处罚的；

（二）被开除公职的；

（三）被吊销律师、公证员执业证书或者被仲裁委员会除名的；

（四）有法律规定的其他情形的。

第十四条　初任法官采用考试、考核的办法，按照德才兼备的标准，从具备法官条件的人员中择优提出人选。

人民法院的院长应当具有法学专业知识和法律职业经历。副院长、审判委员会委员应当从法官、检察官或者其他具备法官条件的人员中产生。

第十五条　人民法院可以根据审判工作需要，从律师或者法学教学、研究人员等从事法律职业的人员中公开选拔法官。

除应当具备法官任职条件外，参加公开选拔的律师应当实际执业不少于五年，执业经验丰富，从业声誉良好，参加公开选拔的法学教学、研究人员应当具有中级以上职称，从事教学、研究工作五年以上，有突出研究能力和相应研究成果。

第十六条　省、自治区、直辖市设立法官遴选委员会，负责初任法官人选专业能力的审核。

省级法官遴选委员会的组成人员应当包括地方各级人民法院法官代表、其他从事法律职业的人员和有关方面代表，其中法官代表不少于三分之一。

省级法官遴选委员会的日常工作由高级人民法院的内设职能部门承担。

遴选最高人民法院法官应当设立最高人民法院法官遴选委员会，负责法官人选专业能力的审核。

第十七条　初任法官一般到基层人民法院任职。上级人民法院法官一般逐级遴选；最高人民法院和高级人民法院法官可以从下两级人民法院遴选。参加上级人民法院遴选的法官应当在下级人民法院担任法官一定年限，并具有遴选职位相关工作经历。

第四章　法官的任免

第十八条　法官的任免，依照宪法和法律规定的任免权限和程序办理。

最高人民法院院长由全国人民代表大会选举和罢免，副院长、审判委员会委员、庭长、副庭长和审判员，由院长提请全国人民代表大会常务委员会任免。

最高人民法院巡回法庭庭长、副庭长，由院长提请全国人民代表大会常务委员会任免。

地方各级人民法院院长由本级人民代表大会选举和罢免，副院长、审判委员会委员、庭长、副庭长和审判员，由院长提请本级人民代表大会常务委员会任免。

在省、自治区内按地区设立的和在直辖市内设立的中级人民法院的院长，由省、自治区、直辖市人民代表大会常务委员会根据主任会议的提名决定任免，副院长、审判委员会委员、庭长、副庭长和审判员，由高级人民法院院长提请省、自治区、直辖市人民代表大会常务委员会任免。

新疆生产建设兵团各级人民法院、专门人民法院的院长、副院长、审判委员会委员、庭长、副庭长和审判员，依照全国人民代表大会常务委员会的有关规定任免。

第十九条 法官在依照法定程序产生后，在就职时应当公开进行宪法宣誓。

第二十条 法官有下列情形之一的，应当依法提请免除其法官职务：

（一）丧失中华人民共和国国籍的；

（二）调出所任职人民法院的；

（三）职务变动不需要保留法官职务的，或者本人申请免除法官职务经批准的；

（四）经考核不能胜任法官职务的；

（五）因健康原因长期不能履行职务的；

（六）退休的；

（七）辞职或者依法应当予以辞退的；

（八）因违纪违法不宜继续任职的。

第二十一条 发现违反本法规定的条件任命法官的，任命机关应当撤销该项任命；上级人民法院发现下级人民法院法官的任命违反本法规定的条件的，应当建议下级人民法院依法提请任命机关撤销该项任命。

第二十二条 法官不得兼任人民代表大会常务委员会的组成人员，不得兼任行政机关、监察机关、检察机关的职务，不得兼任企业或者其他营利性组织、事业单位的职务，不得兼任律师、仲裁员和公证员。

第二十三条 法官之间有夫妻关系、直系血亲关系、三代以内旁系血亲以及近姻亲关系的，不得同时担任下列职务：

（一）同一人民法院的院长、副院长、审判委员会委员、庭长、副庭长；

（二）同一人民法院的院长、副院长和审判员；

（三）同一审判庭的庭长、副庭长、审判员；

（四）上下相邻两级人民法院的院长、副院长。

第二十四条 法官的配偶、父母、子女有下列情形之一的，法官应当实行任职回避：

（一）担任该法官所任职人民法院辖区内律师事务所的合伙人或者设立人的；

（二）在该法官所任职人民法院辖区内以律师身份担任诉讼代理人、辩护人，或者为诉讼案件当事人提供其他有偿法律服务的。

第五章 法官的管理

第二十五条 法官实行员额制管理。法官员额根据案件数量、经济社会发展情况、人口数量和人民法院审级等因素确定，在省、自治区、直辖市内实行总量控制、动态管理，优先考虑基层人民法院和案件数量多的人民法院办案需要。

法官员额出现空缺的，应当按照程序及时补充。

最高人民法院法官员额由最高人民法院商有关部门确定。

第二十六条 法官实行单独职务序列管理。

法官等级分为十二级，依次为首席大法官、一级大法官、二级大法官、一级高级法官、二级高级法官、三级高级法官、四级高级法官、一级法官、二级法官、三级法官、四级法官、五级法官。

第二十七条 最高人民法院院长为首席大法官。

第二十八条 法官等级的确定，以法官德才表现、业务水平、审判工作实绩和工作年限等为依据。

法官等级晋升采取按期晋升和择优选升相结合的方式，特别优秀或者工作特殊需要的一线办案岗位法官可以特别选升。

第二十九条 法官的等级设置、确定和晋升的具体办法，由国家另行规定。

第三十条 初任法官实行统一职前培训制度。

第三十一条 对法官应当有计划地进行政治、理论和业务培训。

法官的培训应当理论联系实际、按需施教、讲求实效。

第三十二条 法官培训情况，作为法官任职、等级晋升的依据之一。

第三十三条 法官培训机构按照有关规定承担培训法官的任务。

第三十四条 法官申请辞职，应当由本人书面提出，经批准后，依照法律规定的程序免除其职务。

第三十五条　辞退法官应当依照法律规定的程序免除其职务。

辞退法官应当按照管理权限决定。辞退决定应当以书面形式通知被辞退的法官，并列明作出决定的理由和依据。

第三十六条　法官从人民法院离任后两年内，不得以律师身份担任诉讼代理人或者辩护人。

法官从人民法院离任后，不得担任原任职法院办理案件的诉讼代理人或者辩护人，但是作为当事人的监护人或者近亲属代理诉讼或者进行辩护的除外。

法官被开除后，不得担任诉讼代理人或者辩护人，但是作为当事人的监护人或者近亲属代理诉讼或者进行辩护的除外。

第三十七条　法官因工作需要，经单位选派或者批准，可以在高等学校、科研院所协助开展实践性教学、研究工作，并遵守国家有关规定。

第六章　法官的考核、奖励和惩戒

第三十八条　人民法院设立法官考评委员会，负责对本院法官的考核工作。

第三十九条　法官考评委员会的组成人员为五至九人。

法官考评委员会主任由本院院长担任。

第四十条　对法官的考核，应当全面、客观、公正，实行平时考核和年度考核相结合。

第四十一条　对法官的考核内容包括：审判工作实绩、职业道德、专业水平、工作能力、审判作风。重点考核审判工作实绩。

第四十二条 年度考核结果分为优秀、称职、基本称职和不称职四个等次。

考核结果作为调整法官等级、工资以及法官奖惩、免职、降职、辞退的依据。

第四十三条 考核结果以书面形式通知法官本人。法官对考核结果如果有异议，可以申请复核。

第四十四条 法官在审判工作中有显著成绩和贡献的，或者有其他突出事迹的，应当给予奖励。

第四十五条 法官有下列表现之一的，应当给予奖励：

（一）公正司法，成绩显著的；

（二）总结审判实践经验成果突出，对审判工作有指导作用的；

（三）在办理重大案件、处理突发事件和承担专项重要工作中，做出显著成绩和贡献的；

（四）对审判工作提出改革建议被采纳，效果显著的；

（五）提出司法建议被采纳或者开展法治宣传、指导调解组织调解各类纠纷，效果显著的；

（六）有其他功绩的。

法官的奖励按照有关规定办理。

第四十六条 法官有下列行为之一的，应当给予处分；构成犯罪的，依法追究刑事责任：

（一）贪污受贿、徇私舞弊、枉法裁判的；

（二）隐瞒、伪造、变造、故意损毁证据、案件材料的；

（三）泄露国家秘密、审判工作秘密、商业秘密或者个人隐私的；

（四）故意违反法律法规办理案件的；

（五）因重大过失导致裁判结果错误并造成严重后果的；

（六）拖延办案，贻误工作的；

（七）利用职权为自己或者他人谋取私利的；

（八）接受当事人及其代理人利益输送，或者违反有关规定会见当事人及其代理人的；

（九）违反有关规定从事或者参与营利性活动，在企业或者其他营利性组织中兼任职务的；

（十）有其他违纪违法行为的。

法官的处分按照有关规定办理。

第四十七条　法官涉嫌违纪违法，已经被立案调查、侦查，不宜继续履行职责的，按照管理权限和规定的程序暂时停止其履行职务。

第四十八条　最高人民法院和省、自治区、直辖市设立法官惩戒委员会，负责从专业角度审查认定法官是否存在本法第四十六条第四项、第五项规定的违反审判职责的行为，提出构成故意违反职责、存在重大过失、存在一般过失或者没有违反职责等审查意见。法官惩戒委员会提出审查意见后，人民法院依照有关规定作出是否予以惩戒的决定，并给予相应处理。

法官惩戒委员会由法官代表、其他从事法律职业的人员和有关方面代表组成，其中法官代表不少于半数。

最高人民法院法官惩戒委员会、省级法官惩戒委员会的日常工作，由相关人民法院的内设职能部门承担。

第四十九条　法官惩戒委员会审议惩戒事项时，当事法官有权申请有关人员回避，有权进行陈述、举证、辩解。

第五十条　法官惩戒委员会作出的审查意见应当送达当事法官。当事法官对审查意见有异议的，可以向惩戒委员会提出，惩戒委员会应当对异议及其理由进行审查，作出决定。

第五十一条 法官惩戒委员会审议惩戒事项的具体程序，由最高人民法院商有关部门确定。

第七章 法官的职业保障

第五十二条 人民法院设立法官权益保障委员会，维护法官合法权益，保障法官依法履行职责。

第五十三条 除下列情形外，不得将法官调离审判岗位：

（一）按规定需要任职回避的；

（二）按规定实行任职交流的；

（三）因机构调整、撤销、合并或者缩减编制员额需要调整工作的；

（四）因违纪违法不适合在审判岗位工作的；

（五）法律规定的其他情形。

第五十四条 任何单位或者个人不得要求法官从事超出法定职责范围的事务。

对任何干涉法官办理案件的行为，法官有权拒绝并予以全面如实记录和报告；有违纪违法情形的，由有关机关根据情节轻重追究有关责任人员、行为人的责任。

第五十五条 法官的职业尊严和人身安全受法律保护。

任何单位和个人不得对法官及其近亲属打击报复。

对法官及其近亲属实施报复陷害、侮辱诽谤、暴力侵害、威胁恐吓、滋事骚扰等违法犯罪行为的，应当依法从严惩治。

第五十六条 法官因依法履行职责遭受不实举报、诬告陷害、侮辱诽谤，致使名誉受到损害的，人民法院应当会同有关部门及时澄清事实，消除不良影响，并依法追究相关单位或者个人的责任。

第五十七条　法官因依法履行职责，本人及其近亲属人身安全面临危险的，人民法院、公安机关应当对法官及其近亲属采取人身保护、禁止特定人员接触等必要保护措施。

第五十八条　法官实行与其职责相适应的工资制度，按照法官等级享有国家规定的工资待遇，并建立与公务员工资同步调整机制。

法官的工资制度，根据审判工作特点，由国家另行规定。

第五十九条　法官实行定期增资制度。

经年度考核确定为优秀、称职的，可以按照规定晋升工资档次。

第六十条　法官享受国家规定的津贴、补贴、奖金、保险和福利待遇。

第六十一条　法官因公致残的，享受国家规定的伤残待遇。法官因公牺牲、因公死亡或者病故的，其亲属享受国家规定的抚恤和优待。

第六十二条　法官的退休制度，根据审判工作特点，由国家另行规定。

第六十三条　法官退休后，享受国家规定的养老金和其他待遇。

第六十四条　对于国家机关及其工作人员侵犯本法第十一条规定的法官权利的行为，法官有权提出控告。

第六十五条　对法官处分或者人事处理错误的，应当及时予以纠正；造成名誉损害的，应当恢复名誉、消除影响、赔礼道歉；造成经济损失的，应当赔偿。对打击报复的直接责任人员，应当依法追究其责任。

第八章　附　　则

第六十六条　国家对初任法官实行统一法律职业资格考试制度，由国务院司法行政部门商最高人民法院等有关部门组织实施。

第六十七条　人民法院的法官助理在法官指导下负责审查案件材料、草拟法律文书等审判辅助事务。

人民法院应当加强法官助理队伍建设，为法官遴选储备人才。

第六十八条　有关法官的权利、义务和管理制度，本法已有规定的，适用本法的规定；本法未作规定的，适用公务员管理的相关法律法规。

第六十九条　本法自2019年10月1日起施行。

第三节　中华人民共和国检察官法

一、历史沿革[1]

检察官法的立法、修改与施行，对于加强和规范检察官管理，促进检察官队伍正规化、专业化、职业化建设，提升检察队

〔1〕 曹建明：《关于〈中华人民共和国检察官法（修订草案）〉修改情况的说明》，中国人大网，网址：http：//www. npc. gov. cn/zgrdw/npc/xinwen/2019 – 04/23/content_ 2086185. htm。

伍素质能力，具有十分重要的意义。现行检察官法于1995年2月28日第八届全国人大常委会第十二次会议通过，2001年6月30日第九届全国人大常委会第二十二次会议、2017年9月1日第十二届全国人大常委会第二十九次会议修正。随着全面依法治国的深入推进，检察工作和检察官队伍建设面临新的形势，对检察官队伍建设和管理体制提出了新的更高要求，因此，最高人民检察院启动了对检察官法的修改工作。修改工作遵循以下原则：一是坚持一般性与特殊性相结合；在修改中既注意吸收公务员法一般性规定，又注意遵循司法人员管理和司法权运行一般性规律，体现检察属性特点和检察权运行的特殊性；二是坚持总结吸收司法体制改革经验与推进改革成果法律化相结合；三是注重与宪法、人民检察院组织法等相衔接；四是坚持立足我国国情与借鉴域外经验相结合。

现行检察官法于2019年4月23日第十三届全国人民代表大会常务委员会第十次会议通过，自2019年10月1日起施行。此次修改全面贯彻中央司法体制改革精神、巩固司法体制改革成效，将司法责任制、司法人员分类管理等一系列措施上升为法律。检察官法共8章70条，调整优化了总体框架结构，新增了遴选规定，规范了检察官任免程序和要求，整合完善了检察官管理，完善了检察官惩戒，强化了检察官的保障，对检察官的任职要求更高，管理监督更严，职业保障更有力。

二、中华人民共和国检察官法

（1995年2月28日第八届全国人民代表大会常务委员会第十二次会议通过　根据2001年6月30日第九届全国人民代表大会

常务委员会第二十二次会议《关于修改〈中华人民共和国检察官法〉的决定》第一次修正　根据2017年9月1日第十二届全国人民代表大会常务委员会第二十九次会议《关于修改〈中华人民共和国法官法〉等八部法律的决定》第二次修正　2019年4月23日第十三届全国人民代表大会常务委员会第十次会议修订）

目　　录

第一章　总　　则

第一条　为了全面推进高素质检察官队伍建设，加强对检察官的管理和监督，维护检察官合法权益，保障人民检察院依法独立行使检察权，保障检察官依法履行职责，保障司法公正，根据宪法，制定本法。

第二条　检察官是依法行使国家检察权的检察人员，包括最高人民检察院、地方各级人民检察院和军事检察院等专门人民检察院的检察长、副检察长、检察委员会委员和检察员。

第三条 检察官必须忠实执行宪法和法律，维护社会公平正义，全心全意为人民服务。

第四条 检察官应当勤勉尽责，清正廉明，恪守职业道德。

第五条 检察官履行职责，应当以事实为根据，以法律为准绳，秉持客观公正的立场。

检察官办理刑事案件，应当严格坚持罪刑法定原则，尊重和保障人权，既要追诉犯罪，也要保障无罪的人不受刑事追究。

第六条 检察官依法履行职责，受法律保护，不受行政机关、社会团体和个人的干涉。

第二章 检察官的职责、义务和权利

第七条 检察官的职责：

（一）对法律规定由人民检察院直接受理的刑事案件进行侦查；

（二）对刑事案件进行审查逮捕、审查起诉，代表国家进行公诉；

（三）开展公益诉讼工作；

（四）开展对刑事、民事、行政诉讼活动的监督工作；

（五）法律规定的其他职责。

检察官对其职权范围内就案件作出的决定负责。

第八条 人民检察院检察长、副检察长、检察委员会委员除履行检察职责外，还应当履行与其职务相适应的职责。

第九条 检察官在检察长领导下开展工作，重大办案事项由检察长决定。检察长可以将部分职权委托检察官行使，可以授权检察官签发法律文书。

第十条 检察官应当履行下列义务：

（一）严格遵守宪法和法律；

（二）秉公办案，不得徇私枉法；

（三）依法保障当事人和其他诉讼参与人的诉讼权利；

（四）维护国家利益、社会公共利益，维护个人和组织的合法权益；

（五）保守国家秘密和检察工作秘密，对履行职责中知悉的商业秘密和个人隐私予以保密；

（六）依法接受法律监督和人民群众监督；

（七）通过依法办理案件以案释法，增强全民法治观念，推进法治社会建设；

（八）法律规定的其他义务。

第十一条 检察官享有下列权利：

（一）履行检察官职责应当具有的职权和工作条件；

（二）非因法定事由、非经法定程序，不被调离、免职、降职、辞退或者处分；

（三）履行检察官职责应当享有的职业保障和福利待遇；

（四）人身、财产和住所安全受法律保护；

（五）提出申诉或者控告；

（六）法律规定的其他权利。

第三章 检察官的条件和遴选

第十二条 担任检察官必须具备下列条件：

（一）具有中华人民共和国国籍；

（二）拥护中华人民共和国宪法，拥护中国共产党领导和社会主义制度；

（三）具有良好的政治、业务素质和道德品行；

（四）具有正常履行职责的身体条件；

（五）具备普通高等学校法学类本科学历并获得学士及以上学位；或者普通高等学校非法学类本科及以上学历并获得法律硕士、法学硕士及以上学位；或者普通高等学校非法学类本科及以上学历，获得其他相应学位，并具有法律专业知识；

（六）从事法律工作满五年。其中获得法律硕士、法学硕士学位，或者获得法学博士学位的，从事法律工作的年限可以分别放宽至四年、三年；

（七）初任检察官应当通过国家统一法律职业资格考试取得法律职业资格。

适用前款第五项规定的学历条件确有困难的地方，经最高人民检察院审核确定，在一定期限内，可以将担任检察官的学历条件放宽为高等学校本科毕业。

第十三条　下列人员不得担任检察官：

（一）因犯罪受过刑事处罚的；

（二）被开除公职的；

（三）被吊销律师、公证员执业证书或者被仲裁委员会除名的；

（四）有法律规定的其他情形的。

第十四条　初任检察官采用考试、考核的办法，按照德才兼备的标准，从具备检察官条件的人员中择优提出人选。

人民检察院的检察长应当具有法学专业知识和法律职业经历。副检察长、检察委员会委员应当从检察官、法官或者其他具备检察官条件的人员中产生。

第十五条 人民检察院可以根据检察工作需要，从律师或者法学教学、研究人员等从事法律职业的人员中公开选拔检察官。

除应当具备检察官任职条件外，参加公开选拔的律师应当实际执业不少于五年，执业经验丰富，从业声誉良好，参加公开选拔的法学教学、研究人员应当具有中级以上职称，从事教学、研究工作五年以上，有突出研究能力和相应研究成果。

第十六条 省、自治区、直辖市设立检察官遴选委员会，负责初任检察官人选专业能力的审核。

省级检察官遴选委员会的组成人员应当包括地方各级人民检察院检察官代表、其他从事法律职业的人员和有关方面代表，其中检察官代表不少于三分之一。

省级检察官遴选委员会的日常工作由省级人民检察院的内设职能部门承担。

遴选最高人民检察院检察官应当设立最高人民检察院检察官遴选委员会，负责检察官人选专业能力的审核。

第十七条 初任检察官一般到基层人民检察院任职。上级人民检察院检察官一般逐级遴选；最高人民检察院和省级人民检察院检察官可以从下两级人民检察院遴选。参加上级人民检察院遴选的检察官应当在下级人民检察院担任检察官一定年限，并具有遴选职位相关工作经历。

第四章 检察官的任免

第十八条 检察官的任免，依照宪法和法律规定的任免权限和程序办理。

最高人民检察院检察长由全国人民代表大会选举和罢免，副检察长、检察委员会委员和检察员，由检察长提请全国人民代表大会常务委员会任免。

地方各级人民检察院检察长由本级人民代表大会选举和罢免，副检察长、检察委员会委员和检察员，由检察长提请本级人民代表大会常务委员会任免。

地方各级人民检察院检察长的任免，须报上一级人民检察院检察长提请本级人民代表大会常务委员会批准。

省、自治区、直辖市人民检察院分院检察长、副检察长、检察委员会委员和检察员，由省、自治区、直辖市人民检察院检察长提请本级人民代表大会常务委员会任免。

省级人民检察院和设区的市级人民检察院依法设立作为派出机构的人民检察院的检察长、副检察长、检察委员会委员和检察员，由派出的人民检察院检察长提请本级人民代表大会常务委员会任免。

新疆生产建设兵团各级人民检察院、专门人民检察院的检察长、副检察长、检察委员会委员和检察员，依照全国人民代表大会常务委员会的有关规定任免。

第十九条　检察官在依照法定程序产生后，在就职时应当公开进行宪法宣誓。

第二十条　检察官有下列情形之一的，应当依法提请免除其检察官职务：

（一）丧失中华人民共和国国籍的；

（二）调出所任职人民检察院的；

（三）职务变动不需要保留检察官职务的，或者本人申请免除检察官职务经批准的；

（四）经考核不能胜任检察官职务的；

（五）因健康原因长期不能履行职务的；

（六）退休的；

（七）辞职或者依法应当予以辞退的；

（八）因违纪违法不宜继续任职的。

第二十一条 对于不具备本法规定条件或者违反法定程序被选举为人民检察院检察长的，上一级人民检察院检察长有权提请本级人民代表大会常务委员会不批准。

第二十二条 发现违反本法规定的条件任命检察官的，任命机关应当撤销该项任命；上级人民检察院发现下级人民检察院检察官的任命违反本法规定的条件的，应当要求下级人民检察院依法提请任命机关撤销该项任命。

第二十三条 检察官不得兼任人民代表大会常务委员会的组成人员，不得兼任行政机关、监察机关、审判机关的职务，不得兼任企业或者其他营利性组织、事业单位的职务，不得兼任律师、仲裁员和公证员。

第二十四条 检察官之间有夫妻关系、直系血亲关系、三代以内旁系血亲以及近姻亲关系的，不得同时担任下列职务：

（一）同一人民检察院的检察长、副检察长、检察委员会委员；

（二）同一人民检察院的检察长、副检察长和检察员；

（三）同一业务部门的检察员；

（四）上下相邻两级人民检察院的检察长、副检察长。

第二十五条 检察官的配偶、父母、子女有下列情形之一的，检察官应当实行任职回避：

（一）担任该检察官所任职人民检察院辖区内律师事务所的合伙人或者设立人的；

（二）在该检察官所任职人民检察院辖区内以律师身份担任诉讼代理人、辩护人，或者为诉讼案件当事人提供其他有偿法律服务的。

第五章　检察官的管理

第二十六条　检察官实行员额制管理。检察官员额根据案件数量、经济社会发展情况、人口数量和人民检察院层级等因素确定，在省、自治区、直辖市内实行总量控制、动态管理，优先考虑基层人民检察院和案件数量多的人民检察院办案需要。

检察官员额出现空缺的，应当按照程序及时补充。

最高人民检察院检察官员额由最高人民检察院商有关部门确定。

第二十七条　检察官实行单独职务序列管理。

检察官等级分为十二级，依次为首席大检察官、一级大检察官、二级大检察官、一级高级检察官、二级高级检察官、三级高级检察官、四级高级检察官、一级检察官、二级检察官、三级检察官、四级检察官、五级检察官。

第二十八条　最高人民检察院检察长为首席大检察官。

第二十九条　检察官等级的确定，以检察官德才表现、业务水平、检察工作实绩和工作年限等为依据。

检察官等级晋升采取按期晋升和择优选升相结合的方式，特别优秀或者工作特殊需要的一线办案岗位检察官可以特别选升。

第三十条　检察官的等级设置、确定和晋升的具体办法，由国家另行规定。

第三十一条　初任检察官实行统一职前培训制度。

第三十二条 对检察官应当有计划地进行政治、理论和业务培训。

检察官的培训应当理论联系实际、按需施教、讲求实效。

第三十三条 检察官培训情况，作为检察官任职、等级晋升的依据之一。

第三十四条 检察官培训机构按照有关规定承担培训检察官的任务。

第三十五条 检察官申请辞职，应当由本人书面提出，经批准后，依照法律规定的程序免除其职务。

第三十六条 辞退检察官应当依照法律规定的程序免除其职务。

辞退检察官应当按照管理权限决定。辞退决定应当以书面形式通知被辞退的检察官，并列明作出决定的理由和依据。

第三十七条 检察官从人民检察院离任后两年内，不得以律师身份担任诉讼代理人或者辩护人。

检察官从人民检察院离任后，不得担任原任职检察院办理案件的诉讼代理人或者辩护人，但是作为当事人的监护人或者近亲属代理诉讼或者进行辩护的除外。

检察官被开除后，不得担任诉讼代理人或者辩护人，但是作为当事人的监护人或者近亲属代理诉讼或者进行辩护的除外。

第三十八条 检察官因工作需要，经单位选派或者批准，可以在高等学校、科研院所协助开展实践性教学、研究工作，并遵守国家有关规定。

第六章 检察官的考核、奖励和惩戒

第三十九条 人民检察院设立检察官考评委员会，负责对本院检察官的考核工作。

第四十条　检察官考评委员会的组成人员为五至九人。

检察官考评委员会主任由本院检察长担任。

第四十一条　对检察官的考核，应当全面、客观、公正，实行平时考核和年度考核相结合。

第四十二条　对检察官的考核内容包括：检察工作实绩、职业道德、专业水平、工作能力、工作作风。重点考核检察工作实绩。

第四十三条　年度考核结果分为优秀、称职、基本称职和不称职四个等次。

考核结果作为调整检察官等级、工资以及检察官奖惩、免职、降职、辞退的依据。

第四十四条　考核结果以书面形式通知检察官本人。检察官对考核结果如果有异议，可以申请复核。

第四十五条　检察官在检察工作中有显著成绩和贡献的，或者有其他突出事迹的，应当给予奖励。

第四十六条　检察官有下列表现之一的，应当给予奖励：

（一）公正司法，成绩显著的；

（二）总结检察实践经验成果突出，对检察工作有指导作用的；

（三）在办理重大案件、处理突发事件和承担专项重要工作中，做出显著成绩和贡献的；

（四）对检察工作提出改革建议被采纳，效果显著的；

（五）提出检察建议被采纳或者开展法治宣传、解决各类纠纷，效果显著的；

（六）有其他功绩的。

检察官的奖励按照有关规定办理。

第四十七条 检察官有下列行为之一的，应当给予处分；构成犯罪的，依法追究刑事责任：

（一）贪污受贿、徇私枉法、刑讯逼供的；

（二）隐瞒、伪造、变造、故意损毁证据、案件材料的；

（三）泄露国家秘密、检察工作秘密、商业秘密或者个人隐私的；

（四）故意违反法律法规办理案件的；

（五）因重大过失导致案件错误并造成严重后果的；

（六）拖延办案，贻误工作的；

（七）利用职权为自己或者他人谋取私利的；

（八）接受当事人及其代理人利益输送，或者违反有关规定会见当事人及其代理人的；

（九）违反有关规定从事或者参与营利性活动，在企业或者其他营利性组织中兼任职务的；

（十）有其他违纪违法行为的。

检察官的处分按照有关规定办理。

第四十八条 检察官涉嫌违纪违法，已经被立案调查、侦查，不宜继续履行职责的，按照管理权限和规定的程序暂时停止其履行职务。

第四十九条 最高人民检察院和省、自治区、直辖市设立检察官惩戒委员会，负责从专业角度审查认定检察官是否存在本法第四十七条第四项、第五项规定的违反检察职责的行为，提出构成故意违反职责、存在重大过失、存在一般过失或者没有违反职责等审查意见。检察官惩戒委员会提出审查意见后，人民检察院依照有关规定作出是否予以惩戒的决定，并给予相应处理。

检察官惩戒委员会由检察官代表、其他从事法律职业的人员和有关方面代表组成，其中检察官代表不少于半数。

最高人民检察院检察官惩戒委员会、省级检察官惩戒委员会的日常工作，由相关人民检察院的内设职能部门承担。

第五十条　检察官惩戒委员会审议惩戒事项时，当事检察官有权申请有关人员回避，有权进行陈述、举证、辩解。

第五十一条　检察官惩戒委员会作出的审查意见应当送达当事检察官。当事检察官对审查意见有异议的，可以向惩戒委员会提出，惩戒委员会应当对异议及其理由进行审查，作出决定。

第五十二条　检察官惩戒委员会审议惩戒事项的具体程序，由最高人民检察院商有关部门确定。

第七章　检察官的职业保障

第五十三条　人民检察院设立检察官权益保障委员会，维护检察官合法权益，保障检察官依法履行职责。

第五十四条　除下列情形外，不得将检察官调离检察业务岗位：

（一）按规定需要任职回避的；

（二）按规定实行任职交流的；

（三）因机构调整、撤销、合并或者缩减编制员额需要调整工作的；

（四）因违纪违法不适合在检察业务岗位工作的；

（五）法律规定的其他情形。

第五十五条　任何单位或者个人不得要求检察官从事超出法定职责范围的事务。

对任何干涉检察官办理案件的行为，检察官有权拒绝并予以全面如实记录和报告；有违纪违法情形的，由有关机关根据情节轻重追究有关责任人员、行为人的责任。

第五十六条 检察官的职业尊严和人身安全受法律保护。

任何单位和个人不得对检察官及其近亲属打击报复。

对检察官及其近亲属实施报复陷害、侮辱诽谤、暴力侵害、威胁恐吓、滋事骚扰等违法犯罪行为的，应当依法从严惩治。

第五十七条 检察官因依法履行职责遭受不实举报、诬告陷害、侮辱诽谤，致使名誉受到损害的，人民检察院应当会同有关部门及时澄清事实，消除不良影响，并依法追究相关单位或者个人的责任。

第五十八条 检察官因依法履行职责，本人及其近亲属人身安全面临危险的，人民检察院、公安机关应当对检察官及其近亲属采取人身保护、禁止特定人员接触等必要保护措施。

第五十九条 检察官实行与其职责相适应的工资制度，按照检察官等级享有国家规定的工资待遇，并建立与公务员工资同步调整机制。

检察官的工资制度，根据检察工作特点，由国家另行规定。

第六十条 检察官实行定期增资制度。

经年度考核确定为优秀、称职的，可以按照规定晋升工资档次。

第六十一条 检察官享受国家规定的津贴、补贴、奖金、保险和福利待遇。

第六十二条 检察官因公致残的，享受国家规定的伤残待遇。检察官因公牺牲、因公死亡或者病故的，其亲属享受国家规定的抚恤和优待。

第六十三条　检察官的退休制度，根据检察工作特点，由国家另行规定。

第六十四条　检察官退休后，享受国家规定的养老金和其他待遇。

第六十五条　对于国家机关及其工作人员侵犯本法第十一条规定的检察官权利的行为，检察官有权提出控告。

第六十六条　对检察官处分或者人事处理错误的，应当及时予以纠正；造成名誉损害的，应当恢复名誉、消除影响、赔礼道歉；造成经济损失的，应当赔偿。对打击报复的直接责任人员，应当依法追究其责任。

第八章　附　　则

第六十七条　国家对初任检察官实行统一法律职业资格考试制度，由国务院司法行政部门商最高人民检察院等有关部门组织实施。

第六十八条　人民检察院的检察官助理在检察官指导下负责审查案件材料、草拟法律文书等检察辅助事务。

人民检察院应当加强检察官助理队伍建设，为检察官遴选储备人才。

第六十九条　有关检察官的权利、义务和管理制度，本法已有规定的，适用本法的规定；本法未作规定的，适用公务员管理的相关法律法规。

第七十条　本法自 2019 年 10 月 1 日起施行。

/ 第三章 /

选举任免的程序法依据

第一节　中华人民共和国全国人民代表大会议事规则

一、历史沿革

1989年4月4日，第七届全国人民代表大会第二次会议通过了《中华人民共和国全国人民代表大会议事规则》。这是一部专门规定全国人民代表大会会议程序的法律，对1982年全国人大组织法作了一定程度的补充和完善。以“规则”为名的法律在我国并不多。这部法律对全国人民代表大会会议的举行，议案的提出和审议，审议工作报告，审查国家计划和国家预算，国家机构组成人员的选举、罢免、任免和辞职，发言和表决等程序作了具体规定，为全国人民代表大会会议的顺利举行提供了重要法治保障。[1]

30多年后，为适应新形势新要求，坚持和完善人民代表大会制度，更好发挥人民代表大会制度的根本政治制度作用，全国人大常委会于2019年初启动全国人大议事规则的修改工作。2020年

〔1〕《30年来首次修改，提请大会审议的两部法律案有多重要?》，中国人大网，http：//www.npc.gov.cn/npc/c30834/202103/678dbfe94a2a468399c486fd6fc07a4a.shtml.

8月，十三届全国人大常委会第二十一次会议对全国人大议事规则修正草案进行了初次审议；2020年12月，十三届全国人大常委会第二十四次会议对全国人大议事规则修正草案进行了再次审议；根据2021年3月11日第十三届全国人民代表大会第四次会议《关于修改〈中华人民共和国全国人民代表大会议事规则〉的决定》进行了修正。现行全国人民代表大会议事规则明确了会议召开的相关准备工作；严明了会议纪律；适当精简了会议程序，以提高议事质量和效率；加强了会议公开和信息化建设；完善了法律案等议案审议程序；规范了规划纲要的审查批准和调整程序；健全完善了大会通过事项的公布程序等。〔1〕

二、中华人民共和国全国人民代表大会议事规则

（1989年4月4日第七届全国人民代表大会第二次会议通过　根据2021年3月11日第十三届全国人民代表大会第四次会议《关于修改〈中华人民共和国全国人民代表大会议事规则〉的决定》修正）

目　　录

---

〔1〕 王晨：《关于〈中华人民共和国全国人民代表大会议事规则（修正草案）〉的说明》，中国人大网，http：//www. npc. gov. cn/npc/c30834/202103/a59961b025d4434-f81b3172f280d30c9. shtml.

第一条　根据宪法、全国人民代表大会组织法和全国人民代表大会的实践经验，制定本规则。

第一章　会议的举行

第二条　全国人民代表大会会议于每年第一季度举行，会议召开的日期由全国人民代表大会常务委员会决定并予以公布。

遇有特殊情况，全国人民代表大会常务委员会可以决定适当提前或者推迟召开会议。提前或者推迟召开会议的日期未能在当次会议上决定的，全国人民代表大会常务委员会可以另行决定或者授权委员长会议决定，并予以公布。

第三条　全国人民代表大会会议由全国人民代表大会常务委员会召集。每届全国人民代表大会第一次会议，在本届全国人民代表大会代表选举完成后的两个月内，由上届全国人民代表大会常务委员会召集。

第四条　全国人民代表大会会议有三分之二以上的代表出席，始得举行。

第五条　全国人民代表大会常务委员会在全国人民代表大会会议举行前，进行下列准备工作：

（一）提出会议议程草案；

（二）提出主席团和秘书长名单草案；

（三）决定列席会议人员名单；

（四）会议的其他准备事项。

第六条 全国人民代表大会常务委员会在全国人民代表大会会议举行的一个月前，将开会日期和建议会议讨论的主要事项通知代表，并将准备提请会议审议的法律草案发给代表。

全国人民代表大会常务委员会在全国人民代表大会会议举行前，可以组织代表研读讨论有关法律草案，征求代表的意见，并通报会议拟讨论的主要事项的有关情况。

临时召集的全国人民代表大会会议不适用前两款规定。

第七条 全国人民代表大会会议举行前，代表按照选举单位组成代表团。代表团全体会议推选代表团团长、副团长。团长召集并主持代表团全体会议。副团长协助团长工作。

代表团可以分设若干代表小组。代表小组会议推选小组召集人。

第八条 全国人民代表大会会议举行前，召开预备会议，选举主席团和秘书长，通过会议议程和关于会议其他准备事项的决定。

预备会议由全国人民代表大会常务委员会主持。每届全国人民代表大会第一次会议的预备会议，由上届全国人民代表大会常务委员会主持。

各代表团审议全国人民代表大会常务委员会提出的主席团和秘书长名单草案、会议议程草案以及关于会议的其他准备事项，提出意见。

全国人民代表大会常务委员会委员长会议根据各代表团提出

的意见，可以对主席团和秘书长名单草案、会议议程草案以及关于会议的其他准备事项提出调整意见，提请预备会议审议。

第九条　主席团主持全国人民代表大会会议。

主席团的决定，由主席团全体成员的过半数通过。

第十条　主席团第一次会议推选主席团常务主席若干人，推选主席团成员若干人分别担任每次大会全体会议的执行主席，并决定下列事项：

（一）副秘书长的人选；

（二）会议日程；

（三）会议期间代表提出议案的截止时间；

（四）其他需要由主席团第一次会议决定的事项。

第十一条　主席团常务主席召集并主持主席团会议。主席团第一次会议由全国人民代表大会常务委员会委员长召集并主持，会议推选主席团常务主席后，由主席团常务主席主持。

第十二条　代表团审议议案和有关报告，由代表团全体会议、代表小组会议审议。

以代表团名义提出的议案、质询案、罢免案，由代表团全体代表的过半数通过。

第十三条　主席团常务主席可以召开代表团团长会议，就议案和有关报告的重大问题听取各代表团的审议意见，进行讨论，并将讨论的情况和意见向主席团报告。

主席团常务主席可以就重大的专门性问题，召集代表团推选的有关代表进行讨论；国务院有关部门负责人参加会议，汇报情况，回答问题。会议讨论的情况和意见应当向主席团报告。

第十四条　主席团可以召开大会全体会议进行大会发言，就议案和有关报告发表意见。

第十五条 全国人民代表大会代表应当出席会议；因病或者其他特殊原因不能出席的，应当向会议秘书处书面请假。秘书处应当向主席团报告代表出席会议的情况和缺席的原因。

代表应当勤勉尽责，认真审议各项议案和报告，严格遵守会议纪律。

第十六条 国务院的组成人员，中央军事委员会的组成人员，国家监察委员会主任，最高人民法院院长和最高人民检察院检察长，列席全国人民代表大会会议；其他有关机关、团体的负责人，经全国人民代表大会常务委员会决定，可以列席全国人民代表大会会议。

第十七条 全国人民代表大会会议公开举行。

全国人民代表大会会议议程、日程和会议情况予以公开。

全国人民代表大会会议期间，代表在各种会议上的发言，整理简报印发会议，并可以根据本人要求，将发言记录或者摘要印发会议。会议简报、发言记录或者摘要可以为纸质版，也可以为电子版。

大会全体会议设旁听席。旁听办法另行规定。

第十八条 全国人民代表大会会议举行新闻发布会、记者会。

全国人民代表大会会议设发言人，代表团可以根据需要设发言人。

秘书处可以组织代表和有关部门、单位负责人接受新闻媒体采访。代表团可以组织本代表团代表接受新闻媒体采访。

大会全体会议通过广播、电视、网络等媒体进行公开报道。

第十九条 全国人民代表大会在必要的时候，可以举行秘密会议。举行秘密会议，经主席团征求各代表团的意见后，由有各代表团团长参加的主席团会议决定。

第二十条　全国人民代表大会举行会议的时候，秘书处和有关的代表团应当为少数民族代表准备必要的翻译。

第二十一条　全国人民代表大会举行会议，应当合理安排会议日程，提高议事质量和效率。

各代表团应当按照会议日程进行审议。

第二十二条　全国人民代表大会会议运用现代信息技术，推进会议文件资料电子化，采用网络视频等方式为代表履职提供便利和服务。

第二章　议案的提出和审议

第二十三条　主席团，全国人民代表大会常务委员会，全国人民代表大会各专门委员会，国务院，中央军事委员会，国家监察委员会，最高人民法院，最高人民检察院，可以向全国人民代表大会提出属于全国人民代表大会职权范围内的议案，由主席团决定列入会议议程。

一个代表团或者三十名以上的代表联名，可以向全国人民代表大会提出属于全国人民代表大会职权范围内的议案，由主席团决定是否列入会议议程，或者先交有关的专门委员会审议、提出是否列入会议议程的意见，再决定是否列入会议议程，并将主席团通过的关于议案处理意见的报告印发会议。专门委员会审议的时候，可以邀请提案人列席会议、发表意见。

代表联名或者代表团提出的议案，可以在全国人民代表大会会议举行前提出。

第二十四条 列入会议议程的议案，提案人和有关的全国人民代表大会专门委员会、有关的全国人民代表大会常务委员会工作部门应当提供有关的资料。

第二十五条 列入会议议程的议案，提案人应当向会议提出关于议案的说明。议案由各代表团进行审议，主席团可以并交有关的专门委员会进行审议、提出报告，由主席团审议决定提请大会全体会议表决。

第二十六条 列入会议议程的法律案，大会全体会议听取关于该法律案的说明后，由各代表团审议，并由宪法和法律委员会、有关的专门委员会审议。

宪法和法律委员会根据各代表团和有关的专门委员会的审议意见，对法律案进行统一审议，向主席团提出审议结果报告和法律草案、有关法律问题的决定草案修改稿，对重要的不同意见应当在审议结果报告中予以说明，经主席团审议通过后，印发会议。修改稿经各代表团审议，由宪法和法律委员会根据各代表团的审议意见进行修改，提出表决稿，由主席团提请大会全体会议表决。

有关的专门委员会的审议意见应当及时印发会议。

全国人民代表大会决定成立的特定的法律起草委员会拟订并提出的法律案的审议程序和表决办法，另行规定。

第二十七条 向全国人民代表大会提出的法律案，在全国人民代表大会闭会期间，可以先向全国人民代表大会常务委员会提出，经全国人民代表大会常务委员会会议依照有关程序审议后，决定提请全国人民代表大会审议。

全国人民代表大会常务委员会对准备提请全国人民代表大会审议的法律案，应当将法律草案向社会公布，广泛征求意见，但是经委员长会议决定不公布的除外。向社会公布征求意见的时间一般不少于三十日。

第二十八条　专门委员会审议议案和有关报告，涉及专门性问题的时候，可以邀请有关方面的代表和专家列席会议，发表意见。

专门委员会可以决定举行秘密会议。

第二十九条　列入会议议程的议案，在交付表决前，提案人要求撤回的，经主席团同意，会议对该议案的审议即行终止。

第三十条　列入会议议程的议案，在审议中有重大问题需要进一步研究的，经主席团提出，由大会全体会议决定，可以授权全国人民代表大会常务委员会审议决定，并报全国人民代表大会下次会议备案或者提请全国人民代表大会下次会议审议。

第三十一条　一个代表团或者三十名以上的代表联名提出的议案，经主席团决定不列入本次会议议程的，交有关的专门委员会在全国人民代表大会闭会后审议。有关的专门委员会进行审议后，向全国人民代表大会常务委员会提出审议结果报告，经全国人民代表大会常务委员会审议通过后，印发全国人民代表大会下次会议。

第三十二条　全国人民代表大会代表向全国人民代表大会提出的对各方面工作的建议、批评和意见，由全国人民代表大会常务委员会办事机构交由有关机关、组织研究办理，并负责在交办之日起三个月内，至迟不超过六个月，予以答复。代表对答复不满意的，可以提出意见，由全国人民代表大会常务委员会办事机构交由有关机关、组织或者其上级机关、组织再作研究办理，并负责答复。

第三章　审议工作报告、审查国家计划和国家预算

第三十三条　全国人民代表大会每年举行会议的时候，全国人民代表大会常务委员会、国务院、最高人民法院、最高人民检察院向会议提出的工作报告，经各代表团审议后，会议可以作出相应的决议。

第三十四条　全国人民代表大会会议举行的四十五日前，国务院有关主管部门应当就上一年度国民经济和社会发展计划执行情况的主要内容与本年度国民经济和社会发展计划草案的初步方案，上一年度中央和地方预算执行情况的主要内容与本年度中央和地方预算草案的初步方案，向全国人民代表大会财政经济委员会和有关的专门委员会汇报，由财政经济委员会进行初步审查。财政经济委员会进行初步审查时，应当邀请全国人民代表大会代表参加。

第三十五条　全国人民代表大会每年举行会议的时候，国务院应当向会议提出关于上一年度国民经济和社会发展计划执行情况与本年度国民经济和社会发展计划草案的报告、国民经济和社会发展计划草案，关于上一年度中央和地方预算执行情况与本年度中央和地方预算草案的报告、中央和地方预算草案，由各代表团进行审查，并由财政经济委员会和有关的专门委员会审查。

财政经济委员会根据各代表团和有关的专门委员会的审查意见，对前款规定的事项进行审查，向主席团提出审查结果报告，主席团审议通过后，印发会议，并将关于上一年度国民经济和社会发展计划执行情况与本年度国民经济和社会发展计划的决议草案、关于上一年度中央和地方预算执行情况与本年度中央和地方

预算的决议草案提请大会全体会议表决。

有关的专门委员会的审查意见应当及时印发会议。

第三十六条　国民经济和社会发展计划、中央预算经全国人民代表大会批准后，在执行过程中必须作部分调整的，国务院应当将调整方案提请全国人民代表大会常务委员会审查和批准。

第三十七条　国民经济和社会发展五年规划纲要和中长期规划纲要的审查、批准和调整，参照本章有关规定执行。

第四章　国家机构组成人员的选举、罢免、任免和辞职

第三十八条　全国人民代表大会常务委员会委员长、副委员长、秘书长、委员的人选，中华人民共和国主席、副主席的人选，中央军事委员会主席的人选，国家监察委员会主任的人选，最高人民法院院长和最高人民检察院检察长的人选，由主席团提名，经各代表团酝酿协商后，再由主席团根据多数代表的意见，确定正式候选人名单。

国务院总理和国务院其他组成人员的人选，中央军事委员会除主席以外的其他组成人员的人选，依照宪法的有关规定提名。

各专门委员会主任委员、副主任委员和委员的人选，由主席团在代表中提名。

第三十九条　候选人的提名人应当向会议介绍候选人的基本情况，并对代表提出的问题作必要的说明。

第四十条　全国人民代表大会会议选举或者决定任命，采用无记名投票方式。得票数超过全体代表的半数的，始得当选或者通过。

大会全体会议选举或者表决任命案的时候，设秘密写票处。

选举或者表决结果，由会议主持人当场宣布。候选人的得票数，应当公布。

第四十一条　全国人民代表大会会议选举和决定任命的具体办法，由大会全体会议通过。

第四十二条　全国人民代表大会选举或者决定任命的国家机构组成人员在依照法定程序产生后，公开进行宪法宣誓。宣誓仪式由主席团组织。

第四十三条　全国人民代表大会会议期间，全国人民代表大会常务委员会的组成人员，中华人民共和国主席、副主席，国务院的组成人员，中央军事委员会的组成人员，国家监察委员会主任，最高人民法院院长，最高人民检察院检察长，全国人民代表大会专门委员会成员提出辞职的，由主席团将其辞职请求交各代表团审议后，提请大会全体会议决定；大会闭会期间提出辞职的，由委员长会议将其辞职请求提请全国人民代表大会常务委员会审议决定。

全国人民代表大会常务委员会接受全国人民代表大会常务委员会委员长、副委员长、秘书长，中华人民共和国主席、副主席，国务院总理、副总理、国务委员，中央军事委员会主席，国家监察委员会主任，最高人民法院院长，最高人民检察院检察长辞职的，应当报请全国人民代表大会下次会议确认。

全国人民代表大会常务委员会接受全国人民代表大会常务委员会委员辞职的，应当向全国人民代表大会下次会议报告。

全国人民代表大会闭会期间，国务院总理、中央军事委员会主席、国家监察委员会主任、最高人民法院院长、最高人民检察院检察长缺位的，全国人民代表大会常务委员会可以分别在国务院副总理、中央军事委员会副主席、国家监察委员会副主任、最高人民法院副院长、最高人民检察院副检察长中决定代理人选。

第四十四条　主席团、三个以上的代表团或者十分之一以上的代表，可以提出对全国人民代表大会常务委员会的组成人员，中华人民共和国主席、副主席，国务院的组成人员，中央军事委员会的组成人员，国家监察委员会主任，最高人民法院院长和最高人民检察院检察长的罢免案，由主席团交各代表团审议后，提请大会全体会议表决；或者依照本规则第六章的规定，由主席团提议，经大会全体会议决定，组织调查委员会，由全国人民代表大会下次会议根据调查委员会的报告审议决定。

罢免案应当写明罢免理由，并提供有关的材料。

罢免案提请大会全体会议表决前，被提出罢免的人员有权在主席团会议和大会全体会议上提出申辩意见，或者书面提出申辩意见，由主席团印发会议。

第四十五条　全国人民代表大会常务委员会组成人员、专门委员会成员的全国人民代表大会代表职务被原选举单位罢免的，其全国人民代表大会常务委员会组成人员、专门委员会成员的职务相应撤销，由主席团或者全国人民代表大会常务委员会予以公告。

第四十六条　全国人民代表大会常务委员会组成人员、专门委员会成员，辞去全国人民代表大会代表职务的请求被接受的，其全国人民代表大会常务委员会组成人员、专门委员会成员的职务相应终止，由全国人民代表大会常务委员会予以公告。

第五章　询问和质询

第四十七条　各代表团审议议案和有关报告的时候，有关部门应当派负责人员到会，听取意见，回答代表提出的询问。

各代表团全体会议审议政府工作报告，审查关于上一年度国民经济和社会发展计划执行情况与本年度国民经济和社会发展计划草案的报告、国民经济和社会发展计划草案，审查关于上一年度中央和地方预算执行情况与本年度中央和地方预算草案的报告、中央和地方预算草案，审议最高人民法院工作报告、最高人民检察院工作报告的时候，国务院以及国务院各部门负责人，最高人民法院、最高人民检察院负责人或者其委派的人员应当分别参加会议，听取意见，回答询问。

主席团和专门委员会对议案和有关报告进行审议的时候，国务院或者有关机关负责人应当到会，听取意见，回答询问，并可以对议案或者有关报告作补充说明。

第四十八条 全国人民代表大会会议期间，一个代表团或者三十名以上的代表联名，可以书面提出对国务院以及国务院各部门、国家监察委员会、最高人民法院、最高人民检察院的质询案。

第四十九条 质询案必须写明质询对象、质询的问题和内容。

第五十条 质询案按照主席团的决定由受质询机关的负责人在主席团会议、有关的专门委员会会议或者有关的代表团会议上口头答复，或者由受质询机关书面答复。在主席团会议或者专门委员会会议上答复的，提质询案的代表团团长或者代表有权列席会议，发表意见。

提质询案的代表或者代表团对答复质询不满意的，可以提出要求，经主席团决定，由受质询机关再作答复。

在专门委员会会议或者代表团会议上答复的，有关的专门委员会或者代表团应当将答复质询案的情况向主席团报告。

主席团认为必要的时候，可以将答复质询案的情况报告印发会议。

质询案以书面答复的，受质询机关的负责人应当签署，由主席团决定印发会议。

第六章　调查委员会

第五十一条　全国人民代表大会认为必要的时候，可以组织关于特定问题的调查委员会。

第五十二条　主席团、三个以上的代表团或者十分之一以上的代表联名，可以提议组织关于特定问题的调查委员会，由主席团提请大会全体会议决定。

调查委员会由主任委员、副主任委员若干人和委员若干人组成，由主席团在代表中提名，提请大会全体会议通过。调查委员会可以聘请专家参加调查工作。

第五十三条　调查委员会进行调查的时候，一切有关的国家机关、社会团体和公民都有义务如实向它提供必要的材料。提供材料的公民要求调查委员会对材料来源保密的，调查委员会应当予以保密。

调查委员会在调查过程中，可以不公布调查的情况和材料。

第五十四条　调查委员会应当向全国人民代表大会提出调查报告。全国人民代表大会根据调查委员会的报告，可以作出相应的决议。

全国人民代表大会可以授权全国人民代表大会常务委员会在全国人民代表大会闭会期间，听取调查委员会的调查报告，并可以作出相应的决议，报全国人民代表大会下次会议备案。

第七章　发言和表决

第五十五条　全国人民代表大会代表在全国人民代表大会各种会议上的发言和表决，不受法律追究。

第五十六条　代表在全国人民代表大会各种会议上发言，应当围绕会议确定的议题进行。

第五十七条　代表在大会全体会议上发言的，每人可以发言两次，第一次不超过十分钟，第二次不超过五分钟。

要求在大会全体会议上发言的，应当在会前向秘书处报名，由大会执行主席安排发言顺序；在大会全体会议上临时要求发言的，经大会执行主席许可，始得发言。

第五十八条　主席团成员和代表团团长或者代表团推选的代表在主席团每次会议上发言的，每人可以就同一议题发言两次，第一次不超过十五分钟，第二次不超过十分钟。经会议主持人许可，发言时间可以适当延长。

第五十九条　大会全体会议表决议案，由全体代表的过半数通过。

宪法的修改，由全体代表的三分之二以上的多数通过。

表决结果由会议主持人当场宣布。

会议表决时，代表可以表示赞成，可以表示反对，也可以表示弃权。

第六十条　会议表决议案采用无记名按表决器方式。如表决器系统在使用中发生故障，采用举手方式。

宪法的修改，采用无记名投票方式表决。

预备会议、主席团会议表决的方式，适用本条第一款的规定。

第八章　公　　布

第六十一条　全国人民代表大会选举产生的全国人民代表大会常务委员会委员长、副委员长、秘书长、委员，中华人民共和国主席、副主席，中央军事委员会主席，国家监察委员会主任，最高人民法院院长，最高人民检察院检察长，决定任命的中央军事委员会副主席、委员，通过的全国人民代表大会专门委员会成员，以全国人民代表大会公告予以公布。

全国人民代表大会决定任命的国务院总理、副总理、国务委员、各部部长、各委员会主任、中国人民银行行长、审计长、秘书长，由中华人民共和国主席根据全国人民代表大会的决定，签署主席令任命并予以公布。

第六十二条　国家机构组成人员在全国人民代表大会会议期间辞职或者被罢免的，适用本规则第六十一条规定的公布程序。

第六十三条　全国人民代表大会通过的宪法修正案，以全国人民代表大会公告予以公布。

第六十四条　全国人民代表大会通过的法律，由中华人民共和国主席签署主席令予以公布。

第六十五条　全国人民代表大会通过的法律、决议、决定，发布的公告，以及法律草案的说明、审议结果报告等，应当及时在全国人民代表大会常务委员会公报和中国人大网上刊载。

第九章　附　　则

第六十六条　本规则自公布之日起施行。

第二节　中华人民共和国全国人民代表大会常务委员会议事规则

一、历史沿革

《中华人民共和国全国人民代表大会常务委员会议事规则》是关于全国人大常委会会议制度和工作程序的基本法律，是全国人大常委会依法行使职权的重要制度保障。1987 年 11 月 24 日，第六届全国人民代表大会常务委员会第二十三次会议通过《中华人民共和国全国人民代表大会常务委员会议事规则》。规则颁布实施以来，常委会的议事程序得以规范，会议效率得到提升。经过 20 多年的发展，随着人民代表大会制度的不断发展和完善，全国人大常委会议事规则也需要进行适当修改和完善。全国人民代表大会常务委员会《关于修改〈中华人民共和国全国人民代表大会常务委员会议事规则〉的决定》由第十一届全国人民代表大会常务委员会第八次会议于 2009 年 4 月 24 日通过，自公布之日起施行，对全国人大常委会议事规则进行了第一次修正。

现行全国人民代表大会常务委员会议事规则根据 2022 年 6 月 24 日第十三届全国人民代表大会常务委员会第三十五次会议通过的《关于修改〈中华人民共和国全国人民代表大会常务委员会议事规则〉的决定》，进行了第二次修正。这次修正是贯彻落实党中央重大决策部署、发展全过程人民民主、保证人民当家作主的必然要求，是适应新时代加强和改进人大工作、进一步坚持和完善人民代表大会制度的客观要求，是落实修改后的全国人民代表大会组织法，在深入总结实践经验的基础上进一步完善全国人民代表大会常务委员会会议制度和工作程序的重要举措。这次修法反映了新时代新要求，对总则进行了充实，增加了贯彻落实全过程人民民主的重要论述，对常委会听取报告的范围和程序进行补充完善；优化了会议的组织安排，进一步规范联组会议，明确规定联组会议可以由各组联合召开，也可以分别由两个以上的组联合召开，对推进会议信息化作出了规定；增加了专题询问的规定，规定常委会围绕关系改革发展稳定大局和人民切身利益、社会普遍关注的重大问题进行专题询问，相关国家机关负责人应当到会，听取意见，回答询问，根据常委会工作安排或受委员长会议委托，专门委员会可以就有关问题开展调研询问。

二、中华人民共和国全国人民代表大会常务委员会议事规则

（1987 年 11 月 24 日第六届全国人民代表大会常务委员会第二十三次会议通过　根据 2009 年 4 月 24 日第十一届全国人民代表大会常务委员会第八次会议《关于修改〈中华人民共和国全国人民代表大会常务委员会议事规则〉的决定》第一次修正　根据 2022 年 6 月 24 日第十三届全国人民代表大会常务委员会第三十五次会议《关于修改〈中华人民共和国全国人民代表大会常务委员会议事规则〉的决定》第二次修正）

目　　录

第一章　总　　则

第一条　为了健全全国人民代表大会常务委员会的议事程序，保障和规范其行使职权，根据宪法、全国人民代表大会组织法，总结全国人民代表大会常务委员会工作的实践经验，制定本规则。

第二条　全国人民代表大会常务委员会坚持中国共产党的领导，依照法定职权和法定程序举行会议、开展工作。

第三条　全国人民代表大会常务委员会坚持和发展全过程人民民主，始终同人民保持密切联系，倾听人民的意见和建议，体现人民意志，保障人民权益。

第四条　全国人民代表大会常务委员会审议议案、决定问题，实行民主集中制的原则，充分发扬民主，集体行使职权。

第五条　全国人民代表大会常务委员会举行会议，应当合理安排会期、议程和日程，提高议事质量和效率。

第二章　会议的召开

第六条　全国人民代表大会常务委员会会议一般每两个月举

行一次，必要时可以加开会议；有特殊需要的时候，可以临时召集会议。

常务委员会会议召开的日期由委员长会议决定。

常务委员会会议由委员长召集并主持。委员长可以委托副委员长主持会议。

第七条　常务委员会会议有常务委员会全体组成人员的过半数出席，始得举行。

遇有特殊情况，经委员长会议决定，常务委员会组成人员可以通过网络视频方式出席会议。

第八条　委员长会议拟订常务委员会会议议程草案，提请常务委员会全体会议决定。

常务委员会举行会议期间，需要调整议程的，由委员长会议提出，经常务委员会全体会议同意。

会议日程由委员长会议决定。

第九条　常务委员会举行会议，应当在会议举行七日以前，将开会日期、建议会议讨论的主要事项，通知常务委员会组成人员和列席会议的人员；临时召集的会议，可以临时通知。

第十条　常务委员会举行会议的时候，国务院、中央军事委员会、国家监察委员会、最高人民法院、最高人民检察院的负责人列席会议。

不是常务委员会组成人员的全国人民代表大会专门委员会主任委员、副主任委员、委员，常务委员会副秘书长，工作委员会主任、副主任，香港特别行政区基本法委员会主任、副主任，澳门特别行政区基本法委员会主任、副主任，有关部门负责人，列席会议。

第十一条　常务委员会举行会议的时候，各省、自治区、直辖市和其他有关地方的人民代表大会常务委员会主任或者副主任一人列席会议，并可以邀请有关的全国人民代表大会代表列席会议。

遇有特殊情况，经委员长会议决定，可以调整列席人员的范围。

第十二条 常务委员会举行会议的时候，召开全体会议和分组会议，根据需要召开联组会议。

第十三条 常务委员会分组会议由委员长会议确定若干名召集人，轮流主持会议。

分组会议审议过程中有重大意见分歧或者其他重要情况的，召集人应当及时向秘书长报告。

分组名单由常务委员会办事机构拟订，报秘书长审定，并定期调整。

第十四条 常务委员会举行联组会议，由委员长主持。委员长可以委托副委员长主持会议。

联组会议可以由各组联合召开，也可以分别由两个以上的组联合召开。

第十五条 常务委员会举行会议的时候，常务委员会组成人员应当出席会议；因病或者其他特殊原因不能出席的，应当通过常务委员会办事机构向委员长书面请假。

常务委员会办事机构应当向委员长报告常务委员会组成人员出席会议的情况和缺席的原因。

常务委员会组成人员应当勤勉尽责，认真审议各项议案和报告，严格遵守会议纪律。

第十六条 常务委员会会议公开举行。常务委员会会议会期、议程、日程和会议情况予以公开。必要时，经委员长会议决定，可以暂不公开有关议程。

第十七条　常务委员会会议运用现代信息技术，推进会议文件资料电子化，采用网络视频等方式为常务委员会组成人员和列席人员履职提供便利和服务。

第三章　议案的提出和审议

第十八条　委员长会议可以向常务委员会提出属于常务委员会职权范围内的议案，由常务委员会会议审议。

国务院，中央军事委员会，国家监察委员会，最高人民法院，最高人民检察院，全国人民代表大会各专门委员会，可以向常务委员会提出属于常务委员会职权范围内的议案，由委员长会议决定列入常务委员会会议议程，或者先交有关的专门委员会审议、提出报告，再决定列入常务委员会会议议程。

常务委员会组成人员十人以上联名，可以向常务委员会提出属于常务委员会职权范围内的议案，由委员长会议决定是否列入常务委员会会议议程，或者先交有关的专门委员会审议、提出是否列入会议议程的意见，再决定是否列入常务委员会会议议程；不列入常务委员会会议议程的，应当向常务委员会会议报告或者向提案人说明。

第十九条　提请常务委员会会议审议的议案，应当在会议召开十日前提交常务委员会。

临时召集的常务委员会会议不适用前款规定。

向常务委员会提出议案，应当同时提出议案文本和说明。

第二十条　委员长会议根据工作需要，可以委托常务委员会的工作委员会、办公厅起草议案草案，并向常务委员会会议作说明。

第二十一条 对列入常务委员会会议议程的议案，提议案的机关、有关的专门委员会、常务委员会有关工作部门应当提供有关的资料。

任免案、撤职案应当附有拟任免、撤职人员的基本情况和任免、撤职理由；必要的时候，有关负责人应当到会回答询问。

第二十二条 常务委员会全体会议听取关于议案的说明。内容相关联的议案可以合并说明。

常务委员会全体会议听取议案说明后，由分组会议、联组会议进行审议，并由有关的专门委员会进行审议、提出报告。

第二十三条 列入会议议程的法律案，常务委员会听取说明并初次审议后，由宪法和法律委员会进行统一审议，向下次或者以后的常务委员会会议提出审议结果的报告。

有关法律问题的决定的议案和修改法律的议案，宪法和法律委员会统一审议后，可以向本次常务委员会会议提出审议结果的报告，也可以向下次或者以后的常务委员会会议提出审议结果的报告。

专门委员会对有关法律案进行审议并提出审议意见，印发常务委员会会议。

向全国人民代表大会提出的法律案，在全国人民代表大会闭会期间，可以先向常务委员会提出；常务委员会会议审议后，作出提请全国人民代表大会审议的决定。

第二十四条 提请批准国民经济和社会发展规划纲要、计划、预算的调整方案和决算的议案，交财政经济委员会审查，也可以同时交其他有关专门委员会审查，由财政经济委员会向常务委员会会议提出审查结果的报告。有关专门委员会的审查意见印发常务委员会会议。

国民经济和社会发展规划纲要、计划的调整方案应当在常务委员会举行全体会议审查的四十五日前，交财政经济委员会进行初步审查。

预算调整方案、决算草案应当在常务委员会举行全体会议审查的三十日前，交财政经济委员会进行初步审查。

第二十五条　提请批准或者加入条约和重要协定的议案，交外事委员会审议，可以同时交其他有关专门委员会审议，由外事委员会向本次常务委员会会议提出审议结果的报告，也可以向下次或者以后的常务委员会会议提出审议结果的报告。有关专门委员会的审议意见印发常务委员会会议。

第二十六条　依法需要报经常务委员会批准的法规和自治条例、单行条例等，由制定机关报送常务委员会，由委员长会议决定列入常务委员会会议议程，由有关的专门委员会进行审议并提出报告。

第二十七条　列于《中华人民共和国香港特别行政区基本法》附件三、《中华人民共和国澳门特别行政区基本法》附件三的法律需要作出增减的，在征询香港特别行政区基本法委员会和香港特别行政区政府、澳门特别行政区基本法委员会和澳门特别行政区政府的意见后，由委员长会议提出议案，提请常务委员会会议审议。

第二十八条　常务委员会联组会议可以听取和审议专门委员会对议案审议意见的汇报，对会议议题进行讨论。

第二十九条　提议案的机关的负责人可以在常务委员会全体会议、联组会议上对议案作补充说明。

第三十条　列入常务委员会会议议程的议案，在交付表决前，提案人要求撤回的，经委员长会议同意，对该议案的审议即行终止。

第三十一条 拟提请常务委员会全体会议表决的议案，在审议中有重大问题需要进一步研究的，经委员长或者委员长会议提出，联组会议或者全体会议同意，可以暂不付表决，交有关专门委员会进一步审议，提出审议报告。

第三十二条 常务委员会认为必要的时候，可以组织关于特定问题的调查委员会，并且根据调查委员会的报告，作出相应的决议。

第四章 听取和审议报告

第三十三条 常务委员会根据年度工作计划和需要听取国务院、国家监察委员会、最高人民法院、最高人民检察院的专项工作报告。

常务委员会召开全体会议，定期听取下列报告：

（一）关于国民经济和社会发展计划、预算执行情况的报告，关于国民经济和社会发展五年规划纲要实施情况的中期评估报告；

（二）决算报告、审计工作报告、审计查出问题整改情况的报告；

（三）国务院关于年度环境状况和环境保护目标完成情况的报告；

（四）国务院关于国有资产管理情况的报告；

（五）国务院关于金融工作有关情况的报告；

（六）常务委员会执法检查组提出的执法检查报告；

（七）专门委员会关于全国人民代表大会会议主席团交付审议的代表提出的议案审议结果的报告；

（八）常务委员会办公厅和有关部门关于全国人民代表大会会议代表建议、批评和意见办理情况的报告；

（九）常务委员会法制工作委员会关于备案审查工作情况的报告；

（十）其他报告。

第三十四条　常务委员会全体会议听取报告后，可以由分组会议和联组会议进行审议。

委员长会议可以决定将报告交有关的专门委员会审议，提出意见。

第三十五条　常务委员会组成人员对各项报告的审议意见交由有关机关研究处理。有关机关应当将研究处理情况向常务委员会提出书面报告。

常务委员会认为必要的时候，可以对有关报告作出决议。有关机关应当在决议规定的期限内，将执行决议的情况向常务委员会报告。

委员长会议可以根据工作报告中的建议、常务委员会组成人员的审议意见，提出有关法律问题或者重大问题的决定的议案，提请常务委员会审议，必要时由常务委员会提请全国人民代表大会审议。

第五章　询问和质询

第三十六条　常务委员会分组会议对议案或者有关的报告进行审议的时候，应当通知有关部门派人到会，听取意见，回答询问。

常务委员会联组会议对议案或者有关的报告进行审议的时

候，应当通知有关负责人到会，听取意见，回答询问。

第三十七条 常务委员会围绕关系改革发展稳定大局和人民切身利益、社会普遍关注的重大问题，可以召开联组会议、分组会议，进行专题询问。

根据专题询问的议题，国务院及国务院有关部门和国家监察委员会、最高人民法院、最高人民检察院的负责人应当到会，听取意见，回答询问。

专题询问中提出的意见交由有关机关研究处理，有关机关应当及时向常务委员会提交研究处理情况报告。必要时，可以由委员长会议将研究处理情况报告提请常务委员会审议，由常务委员会作出决议。

第三十八条 根据常务委员会工作安排或者受委员长会议委托，专门委员会可以就有关问题开展调研询问，并提出开展调研询问情况的报告。

第三十九条 在常务委员会会议期间，常务委员会组成人员十人以上联名，可以向常务委员会书面提出对国务院及国务院各部门和国家监察委员会、最高人民法院、最高人民检察院的质询案。

第四十条 质询案必须写明质询对象、质询的问题和内容。

第四十一条 质询案由委员长会议决定交由有关的专门委员会审议或者提请常务委员会会议审议。

第四十二条 质询案由委员长会议决定，由受质询机关的负责人在常务委员会会议上或者有关的专门委员会会议上口头答复，或者由受质询机关书面答复。在专门委员会会议上答复的，专门委员会应当向常务委员会或者委员长会议提出报告。

质询案以书面答复的，应当由被质询机关负责人签署，并印发常务委员会组成人员和有关的专门委员会。

专门委员会审议质询案的时候，提质询案的常务委员会组成人员可以出席会议，发表意见。

第六章　发言和表决

第四十三条　常务委员会组成人员在全体会议、联组会议和分组会议上发言，应当围绕会议确定的议题进行。

常务委员会全体会议或者联组会议安排对有关议题进行审议的时候，常务委员会组成人员要求发言的，应当在会前由本人向常务委员会办事机构提出，由会议主持人安排，按顺序发言。在全体会议和联组会议上临时要求发言的，经会议主持人同意，始得发言。在分组会议上要求发言的，经会议主持人同意，即可发言。

列席会议的人员的发言，适用本章有关规定。

第四十四条　在全体会议和联组会议上的发言，不超过十分钟；在分组会议上，第一次发言不超过十五分钟，第二次对同一问题的发言不超过十分钟。事先提出要求，经会议主持人同意的，可以延长发言时间。

在常务委员会会议上的发言，由常务委员会办事机构工作人员记录，经发言人核对签字后，编印会议简报和存档。会议简报可以为纸质版，也可以为电子版。

第四十五条　表决议案由常务委员会全体组成人员的过半数通过。

表决结果由会议主持人当场宣布。

出席会议的常务委员会组成人员应当参加表决。表决时，常务委员会组成人员可以表示赞成，可以表示反对，也可以表示弃权。

第四十六条 交付表决的议案，有修正案的，先表决修正案。

第四十七条 任免案、撤职案逐人表决，根据情况也可以合并表决。

第四十八条 常务委员会表决议案，采用无记名按表决器方式。常务委员会组成人员应当按表决器。如表决器系统在使用中发生故障，采用举手方式或者其他方式。

常务委员会组成人员通过网络视频方式出席会议的，采用举手方式或者其他方式表决。

第七章 公 布

第四十九条 常务委员会通过的法律，由中华人民共和国主席签署主席令予以公布。

常务委员会通过的其他决议、决定，由常务委员会公布。

常务委员会通过的法律解释，关于全国人民代表大会代表选举、补选、辞职、罢免等事项，由常务委员会发布公告予以公布。

第五十条 常务委员会决定任免的国务院副总理、国务委员以及各部部长、各委员会主任、中国人民银行行长、审计长、秘书长，由中华人民共和国主席根据常务委员会的决定，签署主席令任免并予以公布。

第五十一条 常务委员会通过的法律、决议、决定及其说明、修改情况的汇报、审议结果的报告，发布的公告，决定批准或者加入的条约和重要协定，常务委员会、专门委员会的声明等，应当及时在常务委员会公报和中国人大网上刊载。

第八章　附　　则

第五十二条　本规则自公布之日起施行。

第三节　全国人民代表大会常务委员会关于实行宪法宣誓制度的决定

一、情况概述

2015 年 7 月 1 日，第十二届全国人民代表大会常务委员会第十五次会议通过《全国人民代表大会常务委员会关于实行宪法宣誓制度的决定》，以立法方式确立了我国宪法宣誓制度。党的十九大确立了习近平新时代中国特色社会主义思想的历史地位，确定了我国发展新的奋斗目标，并对深化国家监察体制改革、制定国家监察法提出了新要求。党的十九届二中全会通过了《中共中央关于修改宪法部分内容的建议》，提出把党的十九大确定的重大理论观点和重大方针政策载入国家根本法。根据党的十九大和十九届二中全会精神，适应深化国家监察体制改革的需要，全国人大常委会采取修订法律方式对 2015 年的《全国人民代表大会常务委员会关于实行宪法宣誓制度的决定》作出修订，并拟定了《全国人民代表大会常务委员会关于实行宪法宣誓制度的决定（修订草案）》，经 2018 年 2 月 24 日第十二届全国人民代表大会常务委员会第三十三次会议审议通过。修改内容主要为：一是根据党的十九大报告和十九大修改的党章，对宪法宣誓誓词中有关奋斗目标的表述作出修改；二是在有关条款中增加与监察委员会有关的内容；三是在第八条第二款中增加一句：“宣誓仪式应当奏唱中华人民共和国国歌。”四是修改了导语段。修订后的决定自 2018 年 3 月 12 日起施行。[1]

二、全国人民代表大会常务委员会关于实行宪法宣誓制度的决定

（2015 年 7 月 1 日第十二届全国人民代表大会常务委员会第十五次会议通过　2018 年 2 月 24 日第十二届全国人民代表大会常务委员会第三十三次会议修订）

宪法是国家的根本法，是治国安邦的总章程，具有最高的法律地位、法律权威、法律效力。国家工作人员必须树立宪法意识，恪守宪法原则，弘扬宪法精神，履行宪法使命。为彰显宪法权威，激励和教育国家工作人员忠于宪法、遵守宪法、维护宪法，加强宪法实施，全国人民代表大会常务委员会决定：

一、各级人民代表大会及县级以上各级人民代表大会常务委员会选举或者决定任命的国家工作人员，以及各级人民政府、监察委员会、人民法院、人民检察院任命的国家工作人员，在就职时应当公开进行宪法宣誓。

二、宣誓誓词如下：

我宣誓：忠于中华人民共和国宪法，维护宪法权威，履行法定职责，忠于祖国、忠于人民，恪尽职守、廉洁奉公，接受人民

〔1〕 张勇：《关于〈全国人民代表大会常务委员会关于实行宪法宣誓制度的决定（修订草案）〉的说明》，中国人大网，http：//www.npc.gov.cn/zgrdw/npc/xinwen/2018-02/24/content_2038166.htm.

监督，为建设富强民主文明和谐美丽的社会主义现代化强国努力奋斗！

三、全国人民代表大会选举或者决定任命的中华人民共和国主席、副主席，全国人民代表大会常务委员会委员长、副委员长、秘书长、委员，国务院总理、副总理、国务委员、各部部长、各委员会主任、中国人民银行行长、审计长、秘书长，中华人民共和国中央军事委员会主席、副主席、委员，国家监察委员会主任，最高人民法院院长，最高人民检察院检察长，以及全国人民代表大会专门委员会主任委员、副主任委员、委员等，在依照法定程序产生后，进行宪法宣誓。宣誓仪式由全国人民代表大会会议主席团组织。

四、在全国人民代表大会闭会期间，全国人民代表大会常务委员会任命或者决定任命的全国人民代表大会专门委员会个别副主任委员、委员，国务院部长、委员会主任、中国人民银行行长、审计长、秘书长，中华人民共和国中央军事委员会副主席、委员，在依照法定程序产生后，进行宪法宣誓。宣誓仪式由全国人民代表大会常务委员会委员长会议组织。

五、全国人民代表大会常务委员会任命的全国人民代表大会常务委员会副秘书长，全国人民代表大会常务委员会工作委员会主任、副主任、委员，全国人民代表大会常务委员会代表资格审查委员会主任委员、副主任委员、委员等，在依照法定程序产生后，进行宪法宣誓。宣誓仪式由全国人民代表大会常务委员会委员长会议组织。

六、全国人民代表大会常务委员会任命或者决定任命的国家监察委员会副主任、委员，最高人民法院副院长、审判委员会委员、庭长、副庭长、审判员和军事法院院长，最高人民检察院副检察长、检察委员会委员、检察员和军事检察院检察长，中华人民共和国驻外全权代表，在依照法定程序产生后，进行宪法宣誓。宣誓仪式由国家监察委员会、最高人民法院、最高人民检察院、外交部分别组织。

七、国务院及其各部门、国家监察委员会、最高人民法院、最高人民检察院任命的国家工作人员，在就职时进行宪法宣誓。宣誓仪式由任命机关组织。

八、宣誓仪式根据情况，可以采取单独宣誓或者集体宣誓的形式。单独宣誓时，宣誓人应当左手抚按《中华人民共和国宪法》，右手举拳，诵读誓词。集体宣誓时，由一人领誓，领誓人左手抚按《中华人民共和国宪法》，右手举拳，领诵誓词；其他宣誓人整齐排列，右手举拳，跟诵誓词。

宣誓场所应当庄重、严肃，悬挂中华人民共和国国旗或者国徽。宣誓仪式应当奏唱中华人民共和国国歌。

负责组织宣誓仪式的机关，可以根据本决定并结合实际情况，对宣誓的具体事项作出规定。

九、地方各级人民代表大会及县级以上地方各级人民代表大会常务委员会选举或者决定任命的国家工作人员，以及地方各级人民政府、监察委员会、人民法院、人民检察院任命的国家工作人员，在依照法定程序产生后，进行宪法宣誓。宣誓的具体组织办法由省、自治区、直辖市人民代表大会常务委员会参照本决定制定，报全国人民代表大会常务委员会备案。

十、本决定自 2018 年 3 月 12 日起施行。

/ 第四章 /

选举任免的工作规则

第一节　历届全国人民代表大会选举任免相关办法

一、第五届全国人民代表大会第三次会议选举、表决和通过议案办法

（1980年9月10日第五届全国人民代表大会第三次会议通过）

一、根据全国人民代表大会组织法第十三条的规定："全国人民代表大会进行选举和通过议案，采用无记名投票方式或者采用举手表决方式。"第五届全国人民代表大会第三次会议，决定国务院总理人选，补选全国人民代表大会常务委员会副委员长、秘书长、委员和决定增补国务院副总理人选，采用无记名投票方式进行，以全体代表过半数同意为当选或通过。通过其他各项议案，均采用举手表决方式。

二、决定国务院总理人选，补选全国人民代表大会常务委员会副委员长、秘书长、委员和决定增补国务院副总理人选，三张票分两次投票。首先投国务院总理人选表决票；然后，补选全国人民代表大会常务委员会副委员长、秘书长、委员的选票和增补国务院副总理人选的表决票，两张票一次投票，分别计算。

三、代表有权对选票和表决票中的候选人或人选表示同意或不同意。如同意，在名字前边的空格内画一个“○”；如不同意，则画一个“×”。不书写上述符号的，视为弃权票。如另选他人，可在不同意的候选人名字前画“×”，然后在后边空格内写上另选人的姓名。

在国务院总理、副总理人选的表决票上，只能表示同意或不同意，不能另提人选。

四、写票应当用钢笔或毛笔，符号要准确，笔迹要清楚。

五、选票和表决票用汉、蒙古、藏、维吾尔、哈萨克、朝鲜六种文字印制。不识这些文字的代表，可请人翻译。不能写票的代表，可请人代写。

六、每张选票所选举的人数，和选票上规定的候选人名额相符或少于候选人名额的，为有效票；超过候选人名额的，为废票。

七、大会设监票人62名，由各代表团推选。总监票人2名，由大会主席团在监票人中指定。在大会主席团的领导下，对发票、投票、计票进行监督。

八、会场共设票箱31个，代表按座区分别到指定的票箱投票。

出席大会的年老体弱不能到会场投票的代表，由监票人和计票人携带流动票箱，请他们在湖南厅投票。因事、因病缺席的代表，不参加投票。

九、投票时，首先监票人在自己的座区投票，随后其他代表按座区依次投票。

十、投票结束后，当众打开票箱，由计票人和监票人清点票数，并将清点结果报告大会执行主席。票数等于或者少于投票人数，选举和表决有效；票数多于投票人数，选举和表决无效，需重新进行选举或表决。

十一、计票完毕，总监票人向大会执行主席报告选举和表决的结果，由大会主席团指定人员向到会代表宣读。

二、第六届全国人民代表大会第一次会议选举、表决和通过议案办法

（1983 年 6 月 7 日第六届全国人民代表大会第一次会议通过）

一、根据《中华人民共和国宪法》的规定，第六届全国人民代表大会第一次会议，选举中华人民共和国第六届全国人民代表大会常务委员会委员长、副委员长、秘书长、委员；选举中华人民共和国主席、副主席；决定中华人民共和国国务院总理的人选；决定中华人民共和国国务院副总理、国务委员、各部部长、各委员会主任、审计长、秘书长的人选；选举中华人民共和国中央军事委员会主席；决定中华人民共和国中央军事委员会副主席、委员的人选；选举中华人民共和国最高人民法院院长；选举中华人民共和国最高人民检察院检察长。

二、根据《中华人民共和国全国人民代表大会组织法》的规定，全国人民代表大会常务委员会委员长、副委员长、秘书长、委员的人选，中华人民共和国主席、副主席的人选，中央军事委员会主席的人选，最高人民法院院长和最高人民检察院检察长的人选，由主席团提名，经各代表团酝酿协商后，再由主席团根据多数代表的意见确定正式候选人名单。

根据《中华人民共和国宪法》的规定，国务院总理的人选由中华人民共和国主席提名，国务院副总理、国务委员、各部部长、各委员会主任、审计长、秘书长的人选由国务院总理提名，中央军事委员会副主席、委员的人选由中央军事委员会主席提

名，由全国人民代表大会决定。

根据《中华人民共和国全国人民代表大会组织法》的规定，全国人民代表大会各专门委员会的主任委员、副主任委员和委员的人选，由主席团在代表中提名，大会通过。

三、根据《中华人民共和国全国人民代表大会组织法》的规定，第六届全国人民代表大会第一次会议进行以上各项选举和决定国务院总理的人选，采用无记名投票方式；决定国务院其他组成人员的人选、中央军事委员会其他组成人员的人选和通过全国人民代表大会各专门委员会的人选，采用举手表决方式。

四、本次会议进行以上各项选举和决定国务院总理的人选，共投票6张，分别在两次全体会议上进行投票。

第一次分2轮投票，每轮投票2张，分别计票。第1轮投票：选举全国人民代表大会常务委员会委员长、副委员长、秘书长、委员；选举中华人民共和国主席、副主席。第2轮投票：根据中华人民共和国主席的提名，决定国务院总理的人选；选举中央军事委员会主席。

第二次首先根据国务院总理的提名，决定国务院副总理、国务委员、各部部长、各委员会主任、审计长、秘书长的人选；根据中央军事委员会主席的提名，决定中央军事委员会副主席、委员的人选。然后选举最高人民法院院长，选举最高人民检察院检察长；一次投2张票，分别计票。

五、本次会议的选票和决定国务院总理人选的表决票采用电子计算机计票（“选票系统”使用说明附后）。选票和表决票用汉文和蒙古、藏、维吾尔、哈萨克、朝鲜5种少数民族文字印制。选举全国人民代表大会常务委员会组成人员的选票，因票面的限制，不能印5种少数民族文字，对候选人姓名另印少数民族文字对照表，与选票同时印发少数民族代表，以便对照写票。

六、对选票上的候选人，代表可以表示同意或者不同意，可以另选他人，也可以弃权。

对表决票上的人选，代表可以表示同意或者不同意，也可以弃权，但不能另提人选。

候选人和各项人选以全体代表的过半数票当选或者通过。

七、大会设监票人 31 名（每个代表团推选 1 名），总监票人 2 名。总监票人由主席团在监票人中指定。总监票人和监票人在主席团的领导下，对发票、投票、计票工作进行监督。

计票工作人员由大会秘书处指定。

八、会场共设票箱 10 个，代表按座区分别到指定的票箱投票（投票路线示意图附后）。已出席会议因年老有病不能到会场投票的代表，如本人要求参加投票，由监票人将选票密封，派选举工作人员送给代表本人写票；代表写好选票后，密封交选举工作人员带回会场交监票人，由监票人代投。

九、投票时，监票人首先在自己的座区投票，随后主席团和其他代表按座区依次投票。

十、投票结束后，当场打开票箱取出选票，并由总监票人将电子计算机计算的实际投票张数报告大会执行主席，宣布选举是否有效。实际投票张数等于或少于投票人数，选举有效；多于投票人数，选举无效。

十一、每张选票所选举的人数，等于或少于应选人数的为有效票，多于应选人数的为废票。

十二、计票完毕，总监票人向大会执行主席报告选举结果，由执行主席向大会宣布。

十三、本次会议通过其他各项议案，采用举手表决方式。

三、第七届全国人民代表大会第一次会议选举办法

（1988 年 4 月 2 日第七届全国人民代表大会第一次会议通过）

一、第七届全国人民代表大会第一次会议，根据《中华人民共和国宪法》的规定，选举中华人民共和国主席、副主席；选举第七届全国人民代表大会常务委员会委员长、副委员长、秘书长、委员；决定国务院总理的人选；决定国务院副总理、国务委员、各部部长、各委员会主任、审计长、秘书长的人选；选举中央军事委员会主席；决定中央军事委员会副主席、委员的人选；选举最高人民法院院长和最高人民检察院检察长。

二、根据《中华人民共和国全国人民代表大会组织法》的规定，中华人民共和国主席、副主席的人选，全国人民代表大会常务委员会委员长、副委员长、秘书长、委员的人选，中央军事委员会主席的人选，最高人民法院院长和最高人民检察院检察长的人选，由主席团提名，经各代表团酝酿协商后，再由主席团根据较多数代表的意见确定正式候选人名单。

根据《中华人民共和国宪法》的规定，国务院总理的人选由中华人民共和国主席提名，国务院副总理、国务委员、各部部长、各委员会主任、审计长、秘书长的人选由国务院总理提名，中央军事委员会副主席、委员的人选由中央军事委员会主席提名。

三、第七届全国人民代表大会常务委员会组成人员的名额与第六届相同，为 155 人。

委员长、副委员长、秘书长提名 20 人，实行等额选举。

委员实行差额选举，应选名额 135 人，提名 144 人，差额 9 人。

四、中华人民共和国主席、副主席，中央军事委员会主席，最高人民法院院长，最高人民检察院检察长，实行等额选举。

五、根据《中华人民共和国全国人民代表大会组织法》的规定，第七届全国人民代表大会第一次会议进行选举和决定的人选，除通过各专门委员会人选外，采用无记名投票方式。

六、选举全国人民代表大会常务委员会组成人员的选票分为“全国人民代表大会常务委员会委员长、副委员长、秘书长选举票”“全国人民代表大会常务委员会委员选举票”两张。

七、本次会议进行选举和决定的人选，需投票9张，分别在三次全体会议上进行投票。

第一次全体会议，选举中华人民共和国主席、副主席；选举全国人民代表大会常务委员会委员长、副委员长、秘书长和委员；选举中央军事委员会主席。

第二次全体会议，根据中华人民共和国主席的提名，决定国务院总理的人选；根据中央军事委员会主席的提名，决定中央军事委员会副主席、委员的人选；选举最高人民法院院长；选举最高人民检察院检察长。

第三次全体会议，根据国务院总理的提名，决定国务院副总理、国务委员、各部部长、各委员会主任、审计长、秘书长的人选。

八、在选举和表决时，参加选举和表决的代表必须超过全体代表的半数；收回的选票或者表决票等于或者少于发出的选票或者表决票，选举或者表决有效，多于发出的选票或者表决票，选举或者表决无效，应重新进行选举或者表决。

每张选票所选的人数，等于或者少于应选人数的为有效票，多于应选人数的为废票。

选举或者决定的人选得票数超过全体代表的半数，始得当选或者通过。

中华人民共和国主席、副主席的选举，全国人民代表大会常务委员会委员长、副委员长、秘书长的选举，中央军事委员会主席的选举，最高人民法院院长、最高人民检察院检察长的选举，如有的候选人得票数不超过全体代表的半数时，依法由主席团另提人选，进行选举。

全国人民代表大会常务委员会委员的选举，获得全体代表过半数选票的候选人的人数超过应选委员的名额时，以得票多的当选；如遇票数相等不能确定当选人时，应当就票数相等的候选人重新投票。如获得全体代表过半数票的当选委员的人数少于应选委员的名额时，不足的名额由主席团在没有当选的候选人中得票较多的另提候选人（差额数不低于缺额委员名额的5%），在第二天进行补选；如果获得全体代表过半数选票的候选人的人数仍然少于应补选的委员的名额时，不足的名额留待第七届全国人民代表大会第二次会议补选。

表决国务院组成人员的人选和中央军事委员会其他组成人员的人选，如有的人选得票数不超过全体代表的半数时，依法另提人选，再进行投票表决；如得票数仍不超过全体代表的半数，则暂不决定任命，在大会结束以后，再依法另提人选，提请第七届全国人民代表大会第二次会议或者全国人民代表大会常务委员会审议决定。

九、对选票上的候选人，代表可以表示赞成、反对或者弃权，也可以另选他人。

对表决票上的人选，代表可以表示赞成、反对或者弃权，但不能另提人选。

十、本次会议的6张选票和3张表决票采用电子计算机计票（《写票、投票注意事项》附后）。代表需严格按照规定的办法写票和投票。如计票系统出现意外故障，投票继续进行，改由大会工作人员计票。

十一、选票和表决票用汉文和蒙古、藏、维吾尔、哈萨克、朝鲜、彝、壮7种少数民族文字印刷。选举全国人民代表大会常务委员会组成人员的选票，决定国务院副总理、国务委员、各部部长、各委员会主任、审计长、秘书长人选的表决票，因票面的限制，只印汉字，不能印7种少数民族文字，对常务委员会组成人员候选人姓名、国务院各部委名称和人选姓名，另印少数民族文字对照表，与选票和表决票同时发给少数民族代表，以便对照写票。

十二、大会设监票人三十一名（每个代表团推选一名），总监票二名；总监票人由主席团在监票人中指定。总监票人和监票人在主席团的领导下，对发票、投票、计票工作进行监督。

计票工作人员由大会秘书处指定。

十三、会场共设票箱25个，代表按座区分别到指定的票箱投票（投票路线示意图附后），不设流动票箱，不能委托投票。

十四、投票时，监票人首先在自己的座区投票，随后主席团和其他代表按座区依次投票。

十五、投票结束后，当场打开票箱取出选票或者表决票，并由总监票人将电子计算机计算的实际投票张数报告大会执行主席，由大会执行主席宣布选举或者表决是否有效。

十六、计票完毕，总监票人向大会执行主席报告选举或者表决结果，由执行主席向大会宣布。

十七、本选举办法，经第七届全国人民代表大会第一次会议全体会议通过施行。

四、第七届全国人民代表大会第三次会议选举和决定任免办法

（1990 年 3 月 29 日第七届全国人民代表大会第三次会议通过）

第一条 第七届全国人民代表大会第三次会议，根据《中华人民共和国宪法》的规定，选举中华人民共和国中央军事委员会主席，决定中央军事委员会其他组成人员的人选，补选全国人民代表大会常务委员会委员。

第二条 根据《中华人民共和国全国人民代表大会组织法》的规定，中华人民共和国中央军事委员会主席的人选，全国人民代表大会常务委员会组成人员的人选，由主席团提名，经各代表团酝酿协商后，再由主席团根据多数代表的意见确定正式候选人名单。选举中央军事委员会主席，补选全国人民代表大会常务委员会委员，实行等额选举。

根据《中华人民共和国宪法》的规定，中华人民共和国中央军事委员会其他组成人员的人选由中央军事委员会主席提名。

第三条 根据《中华人民共和国全国人民代表大会议事规则》的规定，第七届全国人民代表大会第三次会议进行选举采用无记名投票方式，决定人选采用按表决器方式。

第四条 本次会议选举中华人民共和国中央军事委员会主席，补选全国人民代表大会常务委员会委员，各投票一张，在同一次全体会议上进行投票。

第五条 在选举和表决时，参加选举和表决的代表必须超过全体代表的半数；收回的选票数或者按表决器的人数等于或者少于发出的选票数或者参加表决的代表人数，选举或者表决有效，多于发出的选票数或者参加表决的代表人数，选举或者表决无

效，应重新进行选举或者表决。

选票所选的人数，等于或者少于应选人数的为有效票，多于应选人数的为废票。

选举或者决定的人选得票数超过全体代表的半数，始得当选或者通过。

第六条　对选票上的候选人，代表可以投赞成票，可以投反对票，可以另选他人，也可以弃权。

决定中华人民共和国中央军事委员会其他组成人员的人选，代表可以表示赞成、反对或者弃权，但不能另提人选。

第七条　本次会议的选票采用人工计票。

代表对选票上的候选人，表示赞成的，在候选人姓名前空格内划“○”；表示反对的，在候选人姓名前空格内划“×”，如另选他人，应先在候选人姓名前的空格内划“×”，然后在另选人姓名栏内，写上另选人的姓名；表示弃权的，在候选人姓名前空格内不划任何符号。

写票不符合以上规定，或者所划的符号不清楚，无法辨认的，按废票处理。

选举时设秘密写票处，以便代表写票。

第八条　选票用汉文和蒙古、藏、维吾尔、哈萨克、朝鲜、彝、壮7种少数民族文字印制。

第九条　大会进行选举时设监票人32名（每个代表团推选1名），其中总监票人2名；总监票人由主席团在监票人中指定。总监票人和监票人在主席团领导下，对发票、投票、计票工作进行监督。

计票工作人员由大会秘书处指定。

第十条　会场共设票箱25个，代表按座区分别到指定的票箱投票，不设流动票箱，不能委托投票。

第十一条 投票时，监票人首先在自己的座区投票，随后主席团和其他代表按座区分别投票。

第十二条 投票结束后，计票工作人员在监票人的监督下当场打开票箱取出选票，并由总监票人将计票工作人员统计的实际投票张数报告大会执行主席，由大会执行主席宣布选举是否有效。

第十三条 计票完毕，总监票人向大会执行主席报告选举结果，由大会执行主席向大会宣布。

第十四条 如表决器在使用中临时发生故障，改为举手表决方式。

第十五条 本办法经第七届全国人民代表大会第三次会议全体会议通过施行。

五、第七届全国人民代表大会第四次会议选举和决定任命办法

（1991 年 4 月 3 日第七届全国人民代表大会第四次会议通过）

第一条 第七届全国人民代表大会第四次会议根据《中华人民共和国宪法》的有关规定，补选第七届全国人民代表大会常务委员会委员，决定任命国务院副总理、国务委员。

第二条 根据《中华人民共和国全国人民代表大会组织法》的规定，补选全国人民代表大会常务委员会委员的人选，由主席团提名，经各代表团酝酿协商后，再由主席团根据多数代表的意见确定正式候选人名单。本次会议补选全国人民代表大会常务委员会委员，实行等额选举。

根据《中华人民共和国宪法》的规定，国务院副总理、国务委员的人选，由国务院总理提名。

第三条　根据《中华人民共和国全国人民代表大会议事规则》的有关规定，本次会议补选全国人民代表大会常务委员会委员，采用无记名投票方式；决定任命国务院副总理、国务委员，采用按表决器方式。

第四条　进行选举、表决时，参加选举、表决的代表人数，必须超过全体代表的半数。收回的选票数或者按表决器的代表人数，等于或者少于发出的选票数或者参加表决的代表人数，选举或者表决有效；多于发出的选票数或者参加表决的代表人数，选举或者表决无效，应重新进行选举或者表决。

选票上所选的人数，等于或者少于应选人数的，为有效票；多于应选人数的，为无效票。

选举或者决定的人选得票数，超过全体代表的半数，始得当选或者通过。

第五条　对选票上的候选人，代表可以投赞成票，可以投反对票，可以另选他人，也可以弃权。

决定国务院副总理、国务委员的人选，代表可以表示赞成、反对或者弃权，但不能另提人选。

第六条　本次会议的选举采用人工计票。

代表对选票上的候选人，表示赞成的，在候选人姓名前空格内划“○”；表示反对的，在候选人姓名前空格内划“×”；如另选他人，应先在候选人姓名前空格内划“×”，然后在另选人栏内写上另选人的姓名；表示弃权的，在候选人姓名前空格内不划任何符号。

写票不符合以上规定，或者所划的符号不清楚，无法辨认的，按废票处理。

选举时设秘密写票处，以便代表写票。

第七条 选票用汉文、蒙古文、藏文、维吾尔文、哈萨克文、朝鲜文、彝文、壮文印制。

第八条 大会进行选举时，设监票人 32 名（每个代表团推选 1 名），其中总监票人 2 名；总监票人由主席团在监票人中指定。总监票人和监票人在主席团领导下，对发票、投票、计票工作进行监督。

计票工作人员由大会秘书处指定。

第九条 会场共设票箱 22 个，代表按座区分别到指定的票箱投票。不设流动票箱，不能委托投票。

第十条 投票时，监票人首先在自己的座区投票，随后主席团成员和其他代表按座区分别投票。

第十一条 投票结束后，计票工作人员在监票人的监督下，当场打开票箱取出选票，并由总监票人将计票工作人员统计的实际投票张数报告大会执行主席，由大会执行主席宣布选举是否有效。

第十二条 计票完毕，总监票人向大会执行主席报告选举结果，由大会执行主席向大会宣布。

第十三条 如表决器在使用中临时发生故障，改为举手表决方式。

第十四条 本办法经第七届全国人民代表大会第四次会议全体会议通过施行。

六、第八届全国人民代表大会第一次会议选举和决定任命办法

（1993 年 3 月 20 日第八届全国人民代表大会第一次会议通过）

根据《中华人民共和国宪法》和有关法律的规定，制定本次会议选举和决定任命办法如下：

第一条　第八届全国人民代表大会第一次会议，选举第八届全国人民代表大会常务委员会委员长、副委员长、秘书长、委员；选举中华人民共和国主席、副主席；决定国务院总理的人选；决定国务院副总理、国务委员、各部部长、各委员会主任、审计长、秘书长的人选；选举中央军事委员会主席；决定中央军事委员会副主席、委员的人选；选举最高人民法院院长和最高人民检察院检察长。

第二条　全国人民代表大会常务委员会委员长、副委员长、秘书长、委员的人选，中华人民共和国主席、副主席的人选，中央军事委员会主席的人选，最高人民法院院长和最高人民检察院检察长的人选，由主席团提名，经各代表团酝酿协商后，再由主席团根据多数代表的意见确定正式候选人名单。

国务院总理的人选由中华人民共和国主席提名；国务院副总理、国务委员、各部部长、各委员会主任、审计长、秘书长的人选由国务院总理提名；中央军事委员会副主席、委员的人选由中央军事委员会主席提名。

第三条　第八届全国人民代表大会常务委员会组成人员的名额与第七届相同，为155人。

委员长、副委员长、秘书长提名21人，实行等额选举。

委员实行差额选举，应选名额134人，提名141人，差额7人。

第四条　中华人民共和国主席、副主席，中央军事委员会主席，最高人民法院院长，最高人民检察院检察长，实行等额选举。

第五条　第八届全国人民代表大会第一次会议进行选举和决定任命，采用无记名投票方式。

第六条　选举全国人民代表大会常务委员会组成人员的选举票，分为“全国人民代表大会常务委员会委员长、副委员长、秘书长选举票”、“全国人民代表大会常务委员会委员选举票”两张。

第七条　本次会议进行选举和决定任命，共投票9张，分别在三次全体会议上进行。

第一次全体会议，选举全国人民代表大会常务委员会委员长、副委员长、秘书长和委员；选举中华人民共和国主席、副主席；选举中央军事委员会主席。

第二次全体会议，根据中华人民共和国主席的提名，决定国务院总理的人选；根据中央军事委员会主席的提名，决定中央军事委员会副主席、委员的人选；选举最高人民法院院长；选举最高人民检察院检察长。

第三次全体会议，根据国务院总理的提名，决定国务院副总理、国务委员、各部部长、各委员会主任、审计长、秘书长的人选。

第八条　在选举和决定任命时，收回的选举票或者表决票等于或者少于发出的选举票或者表决票，选举或者表决有效；多于发出的选举票或者表决票，选举或者表决无效，应重新进行选举或者表决。

每张选举票所选的人数，等于或者少于应选人数的为有效票，多于应选人数的为废票。

选举或者决定的人选得票数超过全体代表的半数，始得当选或者通过。

全国人民代表大会常务委员会委员长、副委员长、秘书长的选举，中华人民共和国主席、副主席的选举，中央军事委员会主席的选举，最高人民法院院长、最高人民检察院检察长的选举，如有的候选人得票数不超过全体代表的半数时，依法由主席团另提人选，进行选举。

全国人民代表大会常务委员会委员的选举，获得全体代表过半数选举票的候选人的人数超过应选委员的名额时，以得票多的当选；如遇票数相等不能确定当选人时，应当就票数相等的候选人重新投票，以得票多的当选。如获得全体代表过半数选举票的当选委员的人数少于应选委员的名额时，不足的名额由主席团在没有当选的得票数较多的候选人中另提候选人（差额数不低于缺额委员名额的5%），在第二天进行补选；如果获得全体代表过半数选举票的候选人的人数仍然少于应补选的委员的名额时，不足的名额留待第八届全国人民代表大会第二次会议补选。

表决国务院组成人员的人选和中央军事委员会副主席、委员的人选，如有的人选得票数不超过全体代表的半数时，依法另提人选，再进行投票表决；如得票数仍不超过全体代表的半数，则暂不决定任命，在大会结束以后，再依法另提人选，提请第八届全国人民代表大会第二次会议或者第八届全国人民代表大会常务委员会审议决定。

第九条　对选举票上的候选人，代表可以表示赞成、可以表示反对，也可以表示弃权。表示反对的，可以另选他人；表示弃权的，不能另选他人。

在等额选举时，每提一名另选人，必须否决（反对）一名候选人。另选人数少于或者等于否决（反对）的候选人数，选举票有效；否则，该选举票为废票。

在差额选举时，必须在候选人中否决（反对）够差额选举所规定的差额人数，选举票有效；否则，该选举票为废票。如另提人选，则每提一名另选人，必须在否决（反对）够差额选举所规定的差额人数以外，再否决（反对）一名候选人，选举票有效；否则，该选举票为废票。

对表决票上的人选，代表可以表示赞成、反对或者弃权，但不能另提人选。

第十条　本次会议的6张选举票和3张表决票采用电子计算机计票（《写票、投票注意事项》附后）。代表需严格按照规定的办法和注意事项写票和投票。如计票系统出现意外故障，投票继续进行，投票后，改由大会工作人员人工计票。

第十一条　选举票和表决票用汉文和蒙古、藏、维吾尔、哈萨克、朝鲜、彝、壮7种少数民族文字印制。选举全国人民代表大会常务委员会组成人员的选举票，决定国务院副总理、国务委员、各部部长、各委员会主任、审计长、秘书长人选的表决票，因票面的限制，只能印汉文，不能印7种少数民族文字，对常务委员会组成人员候选人姓名、国务院副总理和国务委员人选姓名、国务院各部委名称和人选姓名，另印少数民族文字对照表，与选举票或者表决票同时发给少数民族代表，以便对照写票。

第十二条　在选举或者决定任命时，设秘密写票处。

第十三条　大会设监票人32名（每个代表团推选一名），其中总监票人2名；总监票人由主席团在监票人中指定。总监票人和监票人在主席团领导下，对发票、投票、计票工作进行监督。

计票工作人员由大会秘书处指定。

第十四条　会场共设投票箱22个，代表按座区分别到指定的票箱投票，不设流动票箱，不能委托投票。

第十五条　投票时，监票人首先在自己的座区投票，随后主席团成员和其他代表按座区依次投票。

第十六条　投票结束后，当场打开票箱取出选举票或者表决票，并由总监票人将电子计算机计算的实际投票张数报告大会执行主席，由大会执行主席宣布选举或者表决是否有效。

第十七条　计票完毕，总监票人向大会执行主席报告选举或者表决结果，由执行主席向大会宣布。

第十八条　本选举和决定任命办法，经第八届全国人民代表大会第一次会议全体会议通过施行。

七、第八届全国人民代表大会第二次会议选举办法

（1994 年 3 月 15 日第八届全国人民代表大会第二次会议通过）

根据《中华人民共和国宪法》和有关法律的规定，制定本次会议选举办法如下：

一、第八届全国人民代表大会第二次会议，补选第八届全国人民代表大会常务委员会委员。

二、补选全国人民代表大会常务委员会委员的人选，由主席团提名，经各代表团酝酿协商后，再由主席团根据多数代表的意见确定正式候选人名单。本次会议补选全国人民代表大会常务委员会委员，实行等额选举；采用无记名投票方式。

三、进行选举时，收回的选票数等于或者少于发出的选票数，选举有效；多于发出的选票数，选举无效，应重新进行选举。

选票上所选的人数，等于或者少于应选人数的为有效票，多于应选人数的为废票。

候选人得票数，超过全体代表的半数，始得当选。

四、当选票上的候选人，代表可以表示赞成、可以表示反

对，也可以表示弃权。表示反对的，可以另选他人；表示弃权的，不能另选他人。

代表对选票上的候选人，表示赞成的，在候选人姓名前空格内划“○”；表示反对的，在候选人姓名前空格内划“×”；如另选他人，应先在候选人姓名前空格内划“×”，然后在另选人栏内写上另选人的姓名；表示弃权的，在候选人姓名前空格内不划任何符号。

写票不符合以上规定，或者所划的符号不清楚、无法辨认的，按废票处理。

五、本次会议的选举采用人工计票。

六、选举时设秘密写票处。

七、选票用汉文和蒙古、藏、维吾尔、哈萨克、朝鲜、彝、壮7种少数民族文字印刷。

八、大会进行选举时，设监票人32名（每个代表团推选1名），其中总监票人2名；总监票人由主席团在监票人中指定。总监票人和监票人在主席团领导下，对发票、投票、计票工作进行监督。

计票工作人员由大会秘书处指定。

九、会场共设票箱22个，代表按座区分别到指定的票箱投票。不设流动票箱，不能委托投票。

十、投票时，监票人首先在自己的座区投票，随后主席团成员和其他代表按座区依次投票。

十一、投票结束后，计票工作人员在监票人的监督下，当场打开票箱取出选票，并由总监票人将计票工作人员统计的实际投票张数报告大会执行主席，由大会执行主席宣布选举是否有效。

十二、计票完毕，总监票人向大会执行主席报告选举结果，由大会执行主席向大会宣布。

十三、本办法经第八届全国人民代表大会第二次会议全体会议通过施行。

八、第八届全国人民代表大会第三次会议选举和决定任命办法

（1995年3月11日第八届全国人民代表大会第三次会议通过）

根据《中华人民共和国宪法》和有关法律的规定，制定本次会议选举和决定任命办法如下：

一、第八届全国人民代表大会第三次会议，补选第八届全国人民代表大会常务委员会委员，决定任命国务院副总理。

二、补选全国人民代表大会常务委员会委员的人选，由主席团提名，经各代表团酝酿协商后，再由主席团根据多数代表的意见确定正式候选人名单。决定国务院副总理的人选，由国务院总理提名。

本次会议补选全国人民代表大会常务委员会委员，实行等额选举，采用无记名投票方式。决定国务院副总理的人选，采用按表决器方式。

三、进行选举时，收回的选票数等于或者少于发出的选票数选举有效；多于发出的选票数，选举无效，应重新进行选举。

进行表决时，按表决器的代表人数等于或者少于参加表决的代表人数，表决有效；多于参加表决的代表人数，表决无效，应重新进行表决。

选票上所选的人数，等于或者少于应选人数的为有效票，多于应选人数的为废票。

被选举的候选人或者决定的人选得票数，超过全体代表的半

数，始得当选或者通过。

四、对选票上的候选人，代表可以表示赞成、可以表示反对，也可以表示弃权。表示反对的，可以另选他人；表示弃权的，不能另选他人。

代表对选票上的候选人，表示赞成的，在候选人姓名前空格内划“○”；表示反对的，在候选人姓名前空格内划“×”；如另选他人，应先在候选人姓名前空格内划“×”，然后在另选人栏内写上另选人的姓名；表示弃权的，在候选人姓名前空格内不划任何符号。

写票不符合以上规定，或者所划的符号不清楚、无法辨认的，按废票处理。

五、决定国务院副总理的人选，代表可以表示赞成、反对或者弃权，但不能另提人选。

六、本次会议的选举采用人工计票。

七、选举时设秘密写票处。

八、选票用汉文和蒙古、藏、维吾尔、哈萨克、朝鲜、彝、壮7种少数民族文字印刷。

九、大会进行选举时，设监票人32名（每个代表团推选1名），其中总监票人2名；总监票人由主席团在监票人中指定。总监票人和监票人在主席团领导下，对发票、投票、计票工作进行监督。

计票工作人员由大会秘书处指定。

十、会场共设票箱22个，代表按座区分别到指定的票箱投票。不设流动票箱，不能委托投票。

十一、投票时，监票人首先在自己的座区投票，随后主席团成员和其他代表按座区依次投票。

十二、投票结束后，计票工作人员在监票人的监督下，当场打开票箱取出选票，并由总监票人将计票工作人员统计的实际投票张数报告大会执行主席，由大会执行主席宣布选举是否有效。

十三、计票完毕，总监票人向大会执行主席报告选举结果，由大会执行主席向大会宣布。

十四、本办法经第八届全国人民代表大会第三次会议全体会议通过施行。

九、第九届全国人民代表大会第一次会议选举和决定任命办法

（1998 年 3 月 10 日第九届全国人民代表大会第一次会议通过）

根据《中华人民共和国宪法》和有关法律的规定，制定本次会议选举和决定任命办法如下：

一、第九届全国人民代表大会第一次会议，选举第九届全国人民代表大会常务委员会委员长、副委员长、秘书长、委员，选举中华人民共和国主席、副主席，决定国务院总理的人选，决定国务院副总理、国务委员、各部部长、各委员会主任、中国人民银行行长、审计长、秘书长的人选，选举中华人民共和国中央军事委员会主席，决定中华人民共和国中央军事委员会副主席、委员的人选，选举最高人民法院院长，选举最高人民检察院检察长。

二、全国人民代表大会常务委员会委员长、副委员长、秘书长、委员的人选，中华人民共和国主席、副主席的人选，中华人民共和国中央军事委员会主席的人选，最高人民法院院长和最高人民检察院检察长的人选，由主席团提名，经各代表团酝酿协商后，再由主席团根据多数代表的意见确定正式候选人名单。其中

全国人民代表大会常务委员会委员长、副委员长、秘书长、委员的人选须在代表中提名。

国务院总理的人选由中华人民共和国主席提名；国务院副总理、国务委员、各部部长、各委员会主任、中国人民银行行长、审计长、秘书长的人选由国务院总理提名；中华人民共和国中央军事委员会副主席、委员的人选由中华人民共和国中央军事委员会主席提名。

三、第九届全国人民代表大会常务委员会组成人员的名额为155人。

委员长、副委员长、秘书长共提名21人，实行等额选举。

委员应选134人，提名141人，实行差额选举，差额7人，差额比例为5%。

四、中华人民共和国主席、副主席，中华人民共和国中央军事委员会主席，最高人民法院院长，最高人民检察院检察长，实行等额选举。

五、第九届全国人民代表大会第一次会议进行选举和决定任命，采用无记名投票方式。

六、本次会议的选举和决定任命，共印制9张票。其中，6张选举票、3张表决票。6张选举票是：全国人民代表大会常务委员会委员长、副委员长、秘书长选举票，全国人民代表大会常务委员会委员选举票，中华人民共和国主席、副主席选举票，中华人民共和国中央军事委员会主席选举票，最高人民法院院长选举票，最高人民检察院检察长选举票；3张表决票是：国务院总理表决票；国务院副总理、国务委员、各部部长、各委员会主任、中国人民银行行长、审计长、秘书长表决票；中华人民共和国中央军事委员会副主席、委员表决票。分别在三次全体会议上进行投票：

3 月 16 日举行的第四次全体会议，投票 4 张：选举全国人民代表大会常务委员会委员长、副委员长、秘书长；选举全国人民代表大会常务委员会委员；选举中华人民共和国主席、副主席；选举中华人民共和国中央军事委员会主席。

3 月 16 日举行的第五次全体会议，投票 4 张：决定国务院总理的人选；决定中华人民共和国中央军事委员会副主席、委员的人选；选举最高人民法院院长；选举最高人民检察院检察长。

3 月 18 日举行的第六次全体会议，投票 1 张：决定国务院副总理、国务委员、各部部长、各委员会主任、中国人民银行行长、审计长、秘书长的人选。

七、在选举和决定任命时，收回的选举票或者表决票等于或者少于发出的选举票或者表决票，选举或者表决有效；多于发出的选举票或者表决票，选举或者表决无效，应重新进行选举或者表决。

每张选举票，所选的人数等于或者少于应选人数的为有效票，多于应选人数的为无效票。

选举或者决定的人选获得赞成的票数超过全体代表的半数，始得当选或者通过。

八、在选举全国人民代表大会常务委员会委员长、副委员长、秘书长，中华人民共和国主席、副主席，中华人民共和国中央军事委员会主席，最高人民法院院长，最高人民检察院检察长时，如有的候选人获得的赞成票数不超过全体代表的半数时，依法由主席团另提人选，另行选举。

在选举全国人民代表大会常务委员会委员时，如获得全体代表过半数赞成票的候选人数超过应选名额时，以获得赞成票多的当选；如遇票数相等不能确定当选人时，应当就票数相等的候选人再次投票，以获得赞成票多的当选。如获得全体代表过半数赞成票的当选委员人数少于应选名额时，不足的名额留待第九届全国人民代表大会第二次会议补选。

在决定任命国务院组成人员和中央军事委员会副主席、委员的人选时，如有的人选获得的赞成票数不超过全体代表的半数时，依法另提人选，再次投票表决；如获得的赞成票数仍不超过全体代表的半数，则暂不决定任命，在大会结束以后，再依法另提人选，其中国务院副总理、国务委员的人选提请第九届全国人民代表大会第二次会议决定任命，其他人选提请第九届全国人民代表大会第二次会议或者第九届全国人民代表大会常务委员会决定任命。

九、对选举票上的候选人，代表可以表示赞成、反对、弃权。表示反对的，可以另选他人，表示弃权的，不能另选他人。

对表决票上的人选，代表可以表示赞成、反对、弃权，但不能另提人选。

十、在等额选举时，每提 1 名另选人，必须否决（反对）1 名候选人。另选人数少于或者等于否决（反对）的候选人数，选举票有效；否则，该选举票无效。

选举第九届全国人民代表大会常务委员会委员时，必须在候选人中否决（反对）够 7 人，否则，该选举票无效。如另提人选，则每提 1 名另选人，必须在否决（反对）够 7 人以后，再否决（反对）1 名候选人，否则，该选举票无效。

十一、本次会议选举和决定任命采用电子计算机计票。代表需严格按照本办法和注意事项写票和投票。在投票过程中，如计算机系统出现故障，投票继续进行，投票后，由大会工作人员人工计票。

计票时，在总监票人和监票人的监督下，由人工对废票进行严格的复核。

十二、选举票和表决票用汉文和蒙古、藏、维吾尔、哈萨克、朝鲜、彝、壮7种少数民族文字印制。全国人民代表大会常务委员会组成人员的选举票，国务院副总理、国务委员、各部部长、各委员会主任、中国人民银行行长、审计长、秘书长人选的表决票，因票面限制，只印汉文，另印少数民族文字对照表，与选举票或者表决票同时发给少数民族代表，以便对照写票。

十三、在投票选举或者决定任命时，设秘密写票处。

十四、大会设监票人34名，由每个代表团推选1名组成，其中设总监票人1名；总监票人、监票人名单由主席团提交大会通过。总监票人和监票人在主席团领导下，对发票、投票、计票工作进行监督。

计票工作人员由大会秘书处指定。

十五、会场共设票箱27个，代表按座区分别到指定的票箱投票（投票路线示意图附后），不设流动票箱，不能委托投票。

十六、投票时，首先请监票人在自己的座区投票，并到负责监票的票箱监票，随后其他代表按座区依次投票。

十七、投票结束后，当场打开票箱取出选举票或者表决票，并由总监票人将实际投票张数报告大会执行主席，由大会执行主席宣布选举或者表决是否有效。

十八、计票完毕，总监票人向大会执行主席报告选举或者表决结果，由大会执行主席宣布。

十九、本选举和决定任命办法，经第九届全国人民代表大会第一次会议全体会议通过施行。

十、第十届全国人民代表大会第一次会议选举和决定任命的办法

（2003 年 3 月 10 日第十届全国人民代表大会第一次会议通过）

根据《中华人民共和国宪法》和有关法律的规定，制定本次会议选举和决定任命办法。

一、第十届全国人民代表大会第一次会议，选举第十届全国人民代表大会常务委员会委员长、副委员长、秘书长、委员，选举中华人民共和国主席、副主席，决定国务院总理的人选，决定国务院副总理、国务委员、各部部长、各委员会主任、中国人民银行行长、审计长、秘书长的人选，选举中华人民共和国中央军事委员会主席，决定中华人民共和国中央军事委员会副主席、委员的人选，选举最高人民法院院长，选举最高人民检察院检察长。

二、全国人民代表大会常务委员会委员长、副委员长、秘书长、委员的人选，中华人民共和国主席、副主席的人选，中华人民共和国中央军事委员会主席的人选，最高人民法院院长和最高人民检察院检察长的人选，由主席团提名，经各代表团酝酿协商后，再由主席团根据多数代表的意见确定正式候选人名单。其中，全国人民代表大会常务委员会委员长、副委员长、秘书长、委员的人选，须在代表中提名。

国务院总理的人选，由中华人民共和国主席提名；国务院副总理、国务委员、各部部长、各委员会主任、中国人民银行行长、审计长、秘书长的人选，由国务院总理提名；中华人民共和国中央军事委员会副主席、委员的人选，由中华人民共和国中央军事委员会主席提名。

三、第十届全国人民代表大会常务委员会组成人员的名额为175名。

委员长、副委员长、秘书长共提名16名，进行等额选举。

委员应选名额为159名，按照5%的差额比例，提名167名，进行差额选举，差额数8名。

第十届全国人民代表大会常务委员会委员候选人按姓名笔划排列。

四、中华人民共和国主席、副主席，中华人民共和国中央军事委员会主席，最高人民法院院长，最高人民检察院检察长，进行等额选举。

五、第十届全国人民代表大会第一次会议进行选举和决定任命，采用无记名投票方式。

六、本次会议选举和决定任命，共印制9张票。其中，6张选举票，3张表决票。

6张选举票是：全国人民代表大会常务委员会委员长、副委员长、秘书长选举票；全国人民代表大会常务委员会委员选举票；中华人民共和国主席、副主席选举票；中华人民共和国中央军事委员会主席选举票；最高人民法院院长选举票；最高人民检察院检察长选举票。

3张表决票是：国务院总理人选的表决票；国务院副总理、国务委员、各部部长、各委员会主任、中国人民银行行长、审计长、秘书长人选的表决票；中华人民共和国中央军事委员会副主席、委员人选的表决票。

七、本次会议选举和决定任命，分别在三次全体会议上进行投票：

3月15日举行的第五次全体会议：选举全国人民代表大会常

务委员会委员长、副委员长、秘书长；选举全国人民代表大会常务委员会委员；选举中华人民共和国主席、副主席；选举中华人民共和国中央军事委员会主席。

3月16日举行的第六次全体会议：决定国务院总理人选；决定中华人民共和国中央军事委员会副主席、委员人选；选举最高人民法院院长；选举最高人民检察院检察长。

3月17日举行的第七次全体会议：决定国务院副总理、国务委员、各部部长、各委员会主任、中国人民银行行长、审计长、秘书长人选。

八、在选举和决定任命时，收回的选举票或者表决票等于或者少于发出的选举票或者表决票，选举或者表决有效；多于发出的选举票或者表决票，选举或者表决无效，应重新进行选举或者表决。

每张选举票所选的人数，等于或者少于应选名额的为有效票，多于应选名额的为无效票。

选举或者决定的人选获得的赞成票数超过全体代表的半数，始得当选或者通过。

九、在选举全国人民代表大会常务委员会委员时，如获得全体代表过半数赞成票的候选人超过应选名额时，以获得赞成票多的当选；如遇票数相等不能确定当选人时，应当就票数相等的候选人再次投票，以获得赞成票多的当选。如获得全体代表过半数赞成票的当选人数少于应选名额时，不足的名额留待第十届全国人民代表大会第二次会议另行选举。

十、对选举票上的候选人，代表可以表示赞成、反对、弃权。表示反对的，可以另选他人；表示弃权的，不能另选他人。

对表决票上的人选，代表可以表示赞成、反对、弃权，不能另提人选。

十一、在等额选举时，每提1名另选人，必须反对1名候选人。另选人数少于或者等于反对的候选人数，该选举票有效；否则，该选举票为无效票。

十二、在选举第十届全国人民代表大会常务委员会委员时，反对或弃权的候选人人数的总和不得少于差额数8名，否则，该选举票为无效票。如另提人选，则每提1名另选人，必须在反对和弃权8名候选人人数总和的基础上，至少再反对1名候选人，否则，该选举票为无效票。

十三、本次会议选举和决定任命采用计算机系统计票。在投票过程中，如计算机系统出现故障，投票继续进行，投票结束后，在监票人监督下采用人工计票。

计算机系统认定为无效票的，由总监票人进行复核确认。

十四、选举票和表决票用汉文和蒙古、藏、维吾尔、哈萨克、朝鲜、彝、壮7种少数民族文字印制。全国人民代表大会常务委员会委员的选举票，国务院副总理、国务委员、各部部长、各委员会主任、中国人民银行行长、审计长、秘书长人选的表决票，因票面限制，只印汉文，另印少数民族文字对照表，与选举票或者表决票同时发给少数民族代表，以便对照写票。

十五、大会全体会议进行选举或者决定任命案时，会场设秘密写票处。

十六、大会设监票人36名，由各代表团在不是候选人或被决定任命的人选的代表中推选。各省、自治区、直辖市代表团，香港、澳门特别行政区代表团各推选1名，解放军代表团推选2名，设总监票人2名，由主席团在监票人中指定。总监票人、监票人名单由主席团提交大会决定。总监票人和监票人在主席团领导下，对3月15日、16日、17日全体会议的发票、投票、计票工作进行监督。

计票工作人员由大会秘书处指定。

十七、会场设票箱 23 个，代表到指定的票箱投票。不设流动票箱，不能委托投票。

十八、投票时，先由总监票人、监票人投票，随后其他代表依次投票。

十九、投票结束后，由总监票人报告投票结果，由大会执行主席宣布选举或者表决是否有效。

二十、计票结束后，总监票人向大会执行主席报告选举或者表决的计票结果，大会执行主席向大会宣布选举或者表决的结果。

二十一、本选举和决定任命的办法，经第十届全国人民代表大会第一次会议全体会议通过施行。

十一、第十届全国人民代表大会第三次会议选举和决定任命的办法

(2005 年 3 月 8 日第十届全国人民代表大会第三次会议通过)

根据《中华人民共和国宪法》和有关法律的规定，制定本次会议选举和决定任命办法。

一、第十届全国人民代表大会第三次会议，选举中华人民共和国中央军事委员会主席，决定补充中华人民共和国中央军事委员会其他组成人员的人选；补选第十届全国人民代表大会常务委员会委员。

二、中华人民共和国中央军事委员会主席的人选、全国人民代表大会常务委员会委员的人选，由主席团提名，经各代表团酝酿协商后，再由主席团根据多数代表的意见确定正式候选人名单。

全国人民代表大会常务委员会委员的人选，须在代表中提名。

中华人民共和国中央军事委员会其他组成人员的人选，由中华人民共和国中央军事委员会主席提名。

三、中华人民共和国中央军事委员会主席，进行等额选举。

补选第十届全国人民代表大会常务委员会委员应选名额为3名，提名3名，进行等额选举。

第十届全国人民代表大会常务委员会委员候选人按姓名笔划排列。

四、第十届全国人民代表大会第三次会议进行选举，采用无记名投票方式；决定任命，采用无记名按表决器方式，对人选逐人表决。

五、本次会议选举，共印制2张选举票，即中华人民共和国中央军事委员会主席选举票和补选第十届全国人民代表大会常务委员会委员选举票。

选举票用汉文和蒙古、藏、维吾尔、哈萨克、朝鲜、彝、壮7种少数民族文字印制。

六、3月13日举行的第四次全体会议，选举中华人民共和国中央军事委员会主席；补选第十届全国人民代表大会常务委员会委员。

对选举票上的每一位候选人，代表可以投赞成票，可以投反对票，可以另选他人，也可以弃权。表示反对的，可以另选他人；表示弃权的，不能另选他人。每提1名另选人，必须反对1名候选人。另选人数少于或者等于反对的候选人数，该选举票有效；否则，该选举票无效。

收回的选举票等于或者少于发出的选举票，选举有效；多于发出的选举票，选举无效，应重新进行选举。

候选人获得的赞成票数超过全体代表的半数，始得当选。

七、会议选举时，会场设秘密写票处。

八、本次会议选举，设监票人35名，由各代表团在不是候选人的代表中推选。设总监票人2名，由主席团在监票人中提名。总监票人、监票人名单由主席团提交大会决定。总监票人和监票人在主席团领导下，对3月13日会议选举的发票、投票、计票工作进行监督。

计票工作采用计算机系统计票。如计算机系统出现故障，采用人工计票。计算机系统认定为无效票的，由总监票人进行复核确认。

九、3月14日举行的第五次全体会议，决定任命中华人民共和国中央军事委员会其他组成人员。

对决定任命的人选，代表可以表示赞成、反对或者弃权。

决定任命的人选获得的赞成票数超过全体代表的半数，始得通过。

十、选举和决定任命结果，由会议主持人当场宣布。

十一、本选举和决定任命的办法，经第十届全国人民代表大会第三次会议全体会议通过施行。

十二、第十一届全国人民代表大会第一次会议选举和决定任命的办法

（2008年3月11日第十一届全国人民代表大会第一次会议通过）

根据《中华人民共和国宪法》和有关法律的规定，制定本次会议选举和决定任命办法。

一、第十一届全国人民代表大会第一次会议，选举第十一届全国人民代表大会常务委员会委员长、副委员长、秘书长、委

员；选举中华人民共和国主席、副主席；决定国务院总理的人选；决定国务院副总理、国务委员、各部部长、各委员会主任、中国人民银行行长、审计长、秘书长的人选；选举中华人民共和国中央军事委员会主席；决定中华人民共和国中央军事委员会副主席、委员的人选；选举最高人民法院院长；选举最高人民检察院检察长。

二、全国人民代表大会常务委员会委员长、副委员长、秘书长、委员的人选，中华人民共和国主席、副主席的人选，中华人民共和国中央军事委员会主席的人选，最高人民法院院长和最高人民检察院检察长的人选，由主席团提名，经各代表团酝酿协商后，再由主席团根据多数代表的意见确定正式候选人名单。其中，全国人民代表大会常务委员会委员长、副委员长、秘书长、委员的人选，须在代表中提名。

国务院总理的人选，由中华人民共和国主席提名；国务院副总理、国务委员、各部部长、各委员会主任、中国人民银行行长、审计长、秘书长的人选，由国务院总理提名；中华人民共和国中央军事委员会副主席、委员的人选，由中华人民共和国中央军事委员会主席提名。

三、第十一届全国人民代表大会常务委员会组成人员的名额为 175 名。

委员长、副委员长、秘书长共提名 14 名，进行等额选举。

委员应选名额为 161 名，按照 7% 的差额比例，提名 173 名，进行差额选举，差额数为 12 名。

第十一届全国人民代表大会常务委员会委员候选人按姓名笔划排列。

四、中华人民共和国主席、副主席，中华人民共和国中央军事委员会主席，最高人民法院院长，最高人民检察院检察长，进行等额选举。

五、第十一届全国人民代表大会第一次会议进行选举和决定任命，采用无记名投票方式。

六、本次会议选举和决定任命，共印制 9 张选票，其中，6 张为选举票，3 张为表决票。

6 张选举票是：全国人民代表大会常务委员会委员长、副委员长、秘书长选举票；全国人民代表大会常务委员会委员选举票；中华人民共和国主席、副主席选举票；中华人民共和国中央军事委员会主席选举票；最高人民法院院长选举票；最高人民检察院检察长选举票。

3 张表决票是：国务院总理人选的表决票；国务院副总理、国务委员、各部部长、各委员会主任、中国人民银行行长、审计长、秘书长人选的表决票；中华人民共和国中央军事委员会副主席、委员人选的表决票。

七、本次会议选举和决定任命，分别在以下三次全体会议上进行：

3 月 15 日举行的第五次全体会议：选举全国人民代表大会常务委员会委员长、副委员长、秘书长；选举全国人民代表大会常务委员会委员；选举中华人民共和国主席、副主席；选举中华人民共和国中央军事委员会主席。

3 月 16 日举行的第六次全体会议：决定国务院总理的人选；决定中华人民共和国中央军事委员会副主席、委员的人选；选举最高人民法院院长；选举最高人民检察院检察长。

3 月 17 日举行的第七次全体会议：决定国务院副总理、国务委员、各部部长、各委员会主任、中国人民银行行长、审计长、秘书长的人选。

八、对选举票上的候选人，代表可以表示赞成，可以表示反对，也可以表示弃权。表示反对的，可以另选他人；表示弃权的，不能另选他人。

对表决票上的人选，代表可以表示赞成，可以表示反对，也可以表示弃权，不能另提人选。

九、在选举和决定任命时，收回的选举票或者表决票等于或者少于发出的选举票或者表决票，选举或者表决有效；多于发出的选举票或者表决票，选举或者表决无效，应重新进行选举或者表决。

每张选举票所选的人数，等于或者少于应选名额的为有效票，多于应选名额的为无效票。

十、在等额选举时，每提 1 名另选人，必须相应反对 1 名候选人。另选人数少于或者等于反对的候选人人数的，该选举票有效；否则，该选举票为无效票。

十一、在选举第十一届全国人民代表大会常务委员会委员时，反对或弃权的候选人人数的总和不得少于差额数 12 名，否则，该选举票为无效票。如另提人选，则每提 1 名另选人，必须在反对和弃权 12 名候选人人数总和的基础上，至少再反对 1 名候选人，否则，该选举票为无效票。

十二、选举或者决定的人选获得的赞成票数超过全体代表的半数，始得当选或者通过。

十三、在选举全国人民代表大会常务委员会委员时，如获得全体代表过半数赞成票的候选人超过应选名额时，以获得赞成票多的当选；如遇票数相等不能确定当选人时，应当就票数相等的候选人再次投票，以获得赞成票多的当选。如获得全体代表过半数赞成票的当选人数少于应选名额时，不足的名额留待第十一届全国人民代表大会第二次会议另行选举。

十四、本次会议选举和决定任命采用计算机系统计票。在投票过程中，如计算机系统出现故障，投票继续进行，投票结束后，在监票人监督下采用人工计票。

计算机系统认定为无效票的，由总监票人进行复核确认。

十五、选举票和表决票用汉文和蒙古、藏、维吾尔、哈萨克、朝鲜、彝、壮等7种少数民族文字印制。全国人民代表大会常务委员会委员长、副委员长、秘书长、委员的选举票，国务院副总理、国务委员、各部部长、各委员会主任、中国人民银行行长、审计长、秘书长人选的表决票，因票面限制，只印汉文，另印少数民族文字对照表，与选举票或者表决票同时发给少数民族代表，以便对照写票。

十六、大会全体会议进行选举或者决定任命时，会场设秘密写票处。

十七、大会设监票人35名，由各代表团在不是候选人或被决定任命的人选的代表中推选。各省、自治区、直辖市代表团，香港、澳门特别行政区代表团，解放军代表团各推选1名。大会设总监票人2名，由主席团在监票人中指定。总监票人、监票人名单由主席团提交大会决定。总监票人和监票人在主席团领导下，对3月15日、16日、17日全体会议的发票、投票、计票工作进行监督。

计票工作人员由大会秘书处指定。

十八、会场设票箱28个，不设流动票箱；代表须到指定的票箱投票，不得委托他人投票。

十九、投票时，先由总监票人、监票人投票，然后其他代表依次投票。

二十、投票结束后，由总监票人报告投票结果，由大会执行主席宣布选举或者表决是否有效。

二十一、计票结束后，由总监票人向大会执行主席报告选举或者表决的计票结果，由大会执行主席向大会宣布选举或者表决的结果。

二十二、本办法经第十一届全国人民代表大会第一次会议全体会议通过后施行。

十三、第十二届全国人民代表大会第一次会议选举和决定任命的办法

（2013年3月10日第十二届全国人民代表大会第一次会议通过）

根据《中华人民共和国宪法》和有关法律的规定，制定第十二届全国人民代表大会第一次会议选举和决定任命的办法。

一、本次会议选举第十二届全国人民代表大会常务委员会委员长、副委员长、秘书长、委员，选举中华人民共和国主席、副主席，决定国务院总理的人选，决定国务院副总理、国务委员、各部部长、各委员会主任、中国人民银行行长、审计长、秘书长的人选，选举中华人民共和国中央军事委员会主席，决定中华人民共和国中央军事委员会副主席、委员的人选，选举最高人民法院院长，选举最高人民检察院检察长。

二、全国人民代表大会常务委员会委员长、副委员长、秘书长、委员的人选，中华人民共和国主席、副主席的人选，中华人民共和国中央军事委员会主席的人选，最高人民法院院长和最高人民检察院检察长的人选，由主席团提名，经各代表团酝酿协商后，再由主席团根据多数代表的意见确定正式候选人名单。其

中，全国人民代表大会常务委员会委员长、副委员长、秘书长、委员的人选，须在代表中提名。

国务院总理的人选，由中华人民共和国主席提名；国务院副总理、国务委员、各部部长、各委员会主任、中国人民银行行长、审计长、秘书长的人选，由国务院总理提名；中华人民共和国中央军事委员会副主席、委员的人选，由中华人民共和国中央军事委员会主席提名。

三、第十二届全国人民代表大会常务委员会组成人员的名额为 175 名。

委员长、副委员长、秘书长共提名 14 名，进行等额选举。

委员应选名额为 161 名，按照不少于 8% 的差额比例，提名 174 名，进行差额选举，差额数为 13 名。

第十二届全国人民代表大会常务委员会委员候选人按姓名笔划排列。

四、中华人民共和国主席、副主席，中华人民共和国中央军事委员会主席，最高人民法院院长，最高人民检察院检察长，进行等额选举。

五、本次会议进行选举和决定任命，采用无记名投票方式。

六、本次会议选举和决定任命，印制 6 张选举票、3 张表决票。

6 张选举票是：全国人民代表大会常务委员会委员长、副委员长、秘书长选举票；全国人民代表大会常务委员会委员选举票；中华人民共和国主席、副主席选举票；中华人民共和国中央军事委员会主席选举票；最高人民法院院长选举票；最高人民检察院检察长选举票。

3 张表决票是：国务院总理人选的表决票；国务院副总理、

国务委员、各部部长、各委员会主任、中国人民银行行长、审计长、秘书长人选的表决票；中华人民共和国中央军事委员会副主席、委员人选的表决票。

七、本次会议选举和决定任命，分别在以下三次全体会议上进行：

3 月 14 日举行的第四次全体会议：选举全国人民代表大会常务委员会委员长、副委员长、秘书长；选举全国人民代表大会常务委员会委员；选举中华人民共和国主席、副主席；选举中华人民共和国中央军事委员会主席。

3 月 15 日举行的第五次全体会议：决定国务院总理的人选；决定中华人民共和国中央军事委员会副主席、委员的人选；选举最高人民法院院长；选举最高人民检察院检察长。

3 月 16 日举行的第六次全体会议：决定国务院副总理、国务委员、各部部长、各委员会主任、中国人民银行行长、审计长、秘书长的人选。

八、对选举票上的候选人，代表可以表示赞成，可以表示反对，也可以表示弃权。表示反对的，可以另选他人；表示弃权的，不能另选他人。

对表决票上的人选，代表可以表示赞成，可以表示反对，也可以表示弃权，不能另提人选。

九、在选举和决定任命时，收回的选举票或者表决票等于或者少于发出的选举票或者表决票，选举或者表决有效；多于发出的选举票或者表决票，选举或者表决无效，应重新进行选举或者表决。

每张选举票所选的人数，等于或者少于应选名额的为有效票，多于应选名额的为无效票。

十、在等额选举时，每提 1 名另选人，必须相应反对 1 名候选人。另选人数少于或者等于反对的候选人人数的，该选举票有效；否则，该选举票为无效票。

十一、在选举第十二届全国人民代表大会常务委员会委员时，反对和弃权的候选人人数的总和不得少于差额数 13 名，否则，该选举票为无效票。如另提人选，则每提 1 名另选人，必须在反对和弃权 13 名候选人人数总和的基础上，至少再反对 1 名候选人，否则，该选举票为无效票。

十二、选举或者决定的人选获得的赞成票数超过全体代表的半数，始得当选或者通过。

十三、在选举全国人民代表大会常务委员会委员时，如获得全体代表过半数赞成票的候选人超过应选名额时，以获得赞成票多的当选；如遇票数相等不能确定当选人时，应当就票数相等的候选人再次投票，以获得赞成票多的当选。如获得全体代表过半数赞成票的当选人数少于应选名额时，不足的名额留待第十二届全国人民代表大会第一次会议以后的会议另行选举。

十四、本次会议选举和决定任命采用计算机系统计票。在投票过程中，如计算机系统出现故障，投票继续进行，投票结束后，在总监票人、监票人监督下采用人工计票。

计算机系统认定为无效票的，由总监票人进行复核确认。

十五、选举票和表决票用汉文和蒙古、藏、维吾尔、哈萨克、朝鲜、彝、壮等 7 种少数民族文字印制。全国人民代表大会常务委员会委员的选举票，国务院副总理、国务委员、各部部长、各委员会主任、中国人民银行行长、审计长、秘书长人选的表决票，因票面限制，只印汉文，另印少数民族文字对照表，与选举票或者表决票同时发给少数民族代表，以便对照写票。

十六、大会全体会议进行选举或者决定任命时，会场设秘密写票处。

十七、大会设监票人35名，由各代表团在不是候选人或被决定任命的人选的代表中推选。各省、自治区、直辖市代表团，香港、澳门特别行政区代表团，解放军代表团，各推选1名。大会设总监票人2名，由主席团在监票人中指定。总监票人、监票人名单由主席团提交大会决定。总监票人和监票人在主席团领导下，对发票、投票、计票工作进行监督。

计票工作人员由大会秘书处指定。

十八、会场设票箱28个，不设流动票箱；代表须到指定的票箱投票，不得委托他人投票。

十九、投票时，总监票人、监票人先投票，然后其他代表依次投票。

二十、投票结束后，由总监票人报告投票结果，由大会执行主席宣布选举或者表决是否有效。

二十一、计票结束后，由总监票人向大会执行主席报告选举或者表决的计票结果，由大会执行主席向大会宣布选举或者表决的结果。

二十二、本办法经第十二届全国人民代表大会第一次会议全体会议通过后施行。

十四、第十三届全国人民代表大会第一次会议选举和决定任命的办法

(2018年3月17日第十三届全国人民代表大会第一次会议通过)

根据《中华人民共和国宪法》和有关法律的规定，制定第十三届全国人民代表大会第一次会议选举和决定任命办法。

一、本次会议选举中华人民共和国主席、副主席，选举中华人民共和国中央军事委员会主席，选举第十三届全国人民代表大会常务委员会委员长、副委员长、秘书长、委员，决定国务院总理的人选，决定国务院副总理、国务委员、各部部长、各委员会主任、中国人民银行行长、审计长、秘书长的人选，决定中华人民共和国中央军事委员会副主席、委员的人选，选举中华人民共和国国家监察委员会主任，选举最高人民法院院长，选举最高人民检察院检察长。

二、中华人民共和国主席、副主席的人选，中华人民共和国中央军事委员会主席的人选，全国人民代表大会常务委员会委员长、副委员长、秘书长、委员的人选，中华人民共和国国家监察委员会主任的人选，最高人民法院院长、最高人民检察院检察长的人选，由主席团提名，经各代表团酝酿协商后，再由主席团根据多数代表的意见确定正式候选人名单。其中，全国人民代表大会常务委员会委员长、副委员长、秘书长、委员的人选，须在代表中提名。

国务院总理的人选，由中华人民共和国主席提名；国务院副总理、国务委员、各部部长、各委员会主任、中国人民银行行长、审计长、秘书长的人选，由国务院总理提名；中华人民共和国中央军事委员会副主席、委员的人选，由中华人民共和国中央军事委员会主席提名。

三、中华人民共和国主席、副主席，中华人民共和国中央军事委员会主席，中华人民共和国国家监察委员会主任，最高人民法院院长，最高人民检察院检察长，进行等额选举。

四、第十三届全国人民代表大会常务委员会组成人员的名额为 175 名。

委员长、副委员长、秘书长共提名16名，进行等额选举。

委员应选名额为159名，按照不少于8%的差额比例，提名172名，进行差额选举，差额数为13名。

第十三届全国人民代表大会常务委员会委员候选人按姓名笔划排列。

五、本次会议进行选举和决定任命，采用无记名投票方式。选举或者决定的人选获得的赞成票数超过全体代表的半数，始得当选或者通过。

六、本次会议选举和决定任命，印制8张选举票、3张表决票。

8张选举票是：中华人民共和国主席选举票；中华人民共和国副主席选举票；中华人民共和国中央军事委员会主席选举票；全国人民代表大会常务委员会委员长、副委员长、秘书长选举票；全国人民代表大会常务委员会委员选举票；中华人民共和国国家监察委员会主任选举票；最高人民法院院长选举票；最高人民检察院检察长选举票。

3张表决票是：国务院总理人选的表决票；国务院副总理、国务委员、各部部长、各委员会主任、中国人民银行行长、审计长、秘书长人选的表决票；中华人民共和国中央军事委员会副主席、委员人选的表决票。

七、本次会议选举和决定任命，分别在以下三次全体会议上进行：

3月17日举行的第五次全体会议：选举中华人民共和国主席、副主席；选举中华人民共和国中央军事委员会主席；选举全国人民代表大会常务委员会委员长、副委员长、秘书长。

3月18日举行的第六次全体会议：决定国务院总理的人选；

决定中华人民共和国中央军事委员会副主席、委员的人选；选举中华人民共和国国家监察委员会主任；选举最高人民法院院长；选举最高人民检察院检察长；选举全国人民代表大会常务委员会委员。

3 月 19 日举行的第七次全体会议：决定国务院副总理、国务委员、各部部长、各委员会主任、中国人民银行行长、审计长、秘书长的人选。

八、在选举和决定任命时，收回的选举票或者表决票等于或者少于发出的选举票或者表决票，选举或者表决有效；多于发出的选举票或者表决票，选举或者表决无效，应重新进行选举或者表决。

九、对选举票上的候选人，代表可以表示赞成，可以表示反对，也可以表示弃权。表示反对的，可以另选他人；表示弃权的，不能另选他人。另选他人姓名模糊不清的，由总监票人进行复核确认后，不计入另选他人票。

对表决票上的人选，代表可以表示赞成，可以表示反对，也可以表示弃权，不能另提人选。

十、在等额选举时，每提 1 名另选人，必须相应反对 1 名候选人。另选人数少于或者等于反对的候选人人数的，该选举票有效；否则，该选举票为无效票。

十一、在差额选举全国人民代表大会常务委员会委员时，反对和弃权的候选人总数不得少于差额数 13 名，否则，该选举票为无效票。如另提人选，则每提 1 名另选人，必须在反对和弃权 13 名候选人的基础上，至少再反对 1 名候选人，否则，该选举票为无效票。

十二、在选举全国人民代表大会常务委员会委员时，如获得全体代表过半数赞成票的候选人超过应选名额时，以获得赞成票多的当选。如获得全体代表过半数赞成票的当选人数少于应选名额时，不足的名额留待第十三届全国人民代表大会第一次会议以后的会议另行选举。

如遇票数相等不能确定当选人时，应当就票数相等的候选人再次投票，以获得赞成票多的当选。再次投票在3月19日举行的第七次全体会议上进行。

十三、本次会议选举和决定任命采用电子选举系统计票。在投票过程中，如电子选举系统出现故障，投票继续进行，投票结束后，在总监票人、监票人监督下，启用备用电子选举系统。

电子选举系统认定为无效票的，由总监票人进行复核确认。

十四、选举票和表决票用汉文和蒙古、藏、维吾尔、哈萨克、朝鲜、彝、壮等7种少数民族文字印制。全国人民代表大会常务委员会委员的选举票，国务院副总理、国务委员、各部部长、各委员会主任、中国人民银行行长、审计长、秘书长人选的表决票，因票面限制，只印汉文，另印少数民族文字对照表，与选举票或者表决票同时发给少数民族代表，以便对照写票。

十五、大会全体会议进行选举或者决定任命时，会场设秘密写票处。

十六、大会设监票人35名，由各代表团在不是候选人或被决定任命的人选的代表中推选。各省、自治区、直辖市代表团，香港、澳门特别行政区代表团，解放军和武警部队代表团，各推选1名。大会设总监票人2名，由主席团在监票人中指定。总监票人、监票人名单由主席团提交大会全体会议决定。总监票人和监票人在主席团领导下，对发票、投票、计票工作进行监督。

计票工作人员由大会秘书处指定。

十七、会场设票箱28个，不设流动票箱；代表须到指定的票箱投票，不得委托他人投票。

十八、投票时，总监票人、监票人先投票，然后其他代表依次投票。

十九、投票结束后，由总监票人报告投票结果，由大会执行主席宣布选举或者表决是否有效。

二十、计票结束后，由总监票人向大会执行主席报告选举或者表决的计票结果，由大会执行主席向大会宣布选举或者表决的结果。

二十一、本办法经第十三届全国人民代表大会第一次会议全体会议通过后施行。

十五、第十四届全国人民代表大会第一次会议选举和决定任命的办法

（2023年3月10日第十四届全国人民代表大会第一次会议通过）

根据《中华人民共和国宪法》和有关法律的规定，制定第十四届全国人民代表大会第一次会议选举和决定任命办法。

一、本次会议选举中华人民共和国主席、副主席，选举中华人民共和国中央军事委员会主席，选举第十四届全国人民代表大会常务委员会委员长、副委员长、秘书长、委员，决定国务院总理的人选，决定国务院副总理、国务委员、各部部长、各委员会主任、中国人民银行行长、审计长、秘书长的人选，决定中华人民共和国中央军事委员会副主席、委员的人选，选举国家监察委员会主任，选举最高人民法院院长，选举最高人民检察院检察长。

二、中华人民共和国主席、副主席的人选，中华人民共和国中央军事委员会主席的人选，全国人民代表大会常务委员会委员

长、副委员长、秘书长、委员的人选，国家监察委员会主任的人选，最高人民法院院长的人选，最高人民检察院检察长的人选，由主席团提名，经各代表团酝酿协商后，再由主席团根据多数代表的意见确定正式候选人名单。其中，全国人民代表大会常务委员会委员长、副委员长、秘书长、委员的人选，须在代表中提名。

国务院总理的人选，由中华人民共和国主席提名；国务院副总理、国务委员、各部部长、各委员会主任、中国人民银行行长、审计长、秘书长的人选，由国务院总理提名；中华人民共和国中央军事委员会副主席、委员的人选，由中华人民共和国中央军事委员会主席提名。

三、中华人民共和国主席、副主席，中华人民共和国中央军事委员会主席，国家监察委员会主任，最高人民法院院长，最高人民检察院检察长，进行等额选举。

四、第十四届全国人民代表大会常务委员会组成人员的名额为 175 名。

委员长、副委员长、秘书长共提名 16 名，进行等额选举。

委员应选名额为 159 名，按照不少于 8% 的差额比例，提名 172 名，进行差额选举，差额数为 13 名。

第十四届全国人民代表大会常务委员会委员候选人按姓名笔划排列。

五、本次会议进行选举和决定任命，采用无记名投票方式。选举或者决定的人选获得的赞成票数超过全体代表的半数，始得当选或者通过。

六、本次会议选举和决定任命，印制 8 张选举票、3 张表决票。

8 张选举票是：中华人民共和国主席选举票；中华人民共和

国副主席选举票；中华人民共和国中央军事委员会主席选举票；全国人民代表大会常务委员会委员长、副委员长、秘书长选举票；全国人民代表大会常务委员会委员选举票；国家监察委员会主任选举票；最高人民法院院长选举票；最高人民检察院检察长选举票。

3 张表决票是：国务院总理人选的表决票；国务院副总理、国务委员、各部部长、各委员会主任、中国人民银行行长、审计长、秘书长人选的表决票；中华人民共和国中央军事委员会副主席、委员人选的表决票。

七、本次会议选举和决定任命，分别在以下三次全体会议上进行：

3 月 10 日举行的第三次全体会议：选举中华人民共和国主席；选举中华人民共和国中央军事委员会主席；选举全国人民代表大会常务委员会委员长、副委员长、秘书长；选举中华人民共和国副主席。

3 月 11 日举行的第四次全体会议：决定国务院总理的人选；决定中华人民共和国中央军事委员会副主席、委员的人选；选举国家监察委员会主任；选举最高人民法院院长；选举最高人民检察院检察长；选举全国人民代表大会常务委员会委员。

3 月 12 日举行的第五次全体会议：决定国务院副总理、国务委员、各部部长、各委员会主任、中国人民银行行长、审计长、秘书长的人选。

八、在选举和决定任命时，收回的选举票或者表决票等于或者少于发出的选举票或者表决票，选举或者表决有效；多于发出的选举票或者表决票，选举或者表决无效，应重新进行选举或者表决。

九、对选举票上的候选人，代表可以表示赞成，可以表示反对，也可以表示弃权。表示反对的，可以另选他人；表示弃权的，不能另选他人。另选他人姓名模糊不清的，由总监票人进行复核确认后，不计入另选他人票。

对表决票上的人选，代表可以表示赞成，可以表示反对，也可以表示弃权，不能另提人选。

十、在等额选举时，每提 1 名另选人，必须相应反对 1 名候选人。另选人数少于或者等于反对的候选人人数的，该选举票有效；否则，该选举票为无效票。

十一、在差额选举全国人民代表大会常务委员会委员时，反对和弃权的候选人总数不得少于差额数 13 名，否则，该选举票为无效票。如另提人选，则每提 1 名另选人，必须在反对和弃权 13 名候选人的基础上，至少再反对 1 名候选人，否则，该选举票为无效票。

十二、在选举全国人民代表大会常务委员会委员时，如获得全体代表过半数赞成票的候选人超过应选名额时，以获得赞成票多的当选。如获得全体代表过半数赞成票的当选人数少于应选名额时，不足的名额留待第十四届全国人民代表大会第一次会议以后的会议另行选举。

如遇票数相等不能确定当选人时，应当就票数相等的候选人再次投票，以获得赞成票多的当选。再次投票在 3 月 12 日举行的第五次全体会议上进行。

十三、本次会议选举和决定任命采用电子选举系统计票。在投票过程中，如电子选举系统出现故障，投票继续进行，投票结束后，在总监票人、监票人监督下，启用备用电子选举系统。

电子选举系统认定为无效票的，由总监票人进行复核确认。

十四、选举票和表决票使用国家通用文字和蒙古、藏、维吾尔、哈萨克、朝鲜、彝、壮等7种少数民族文字印制。全国人民代表大会常务委员会委员长、副委员长、秘书长的选举票，全国人民代表大会常务委员会委员的选举票，国务院副总理、国务委员、各部部长、各委员会主任、中国人民银行行长、审计长、秘书长人选的表决票，因票面限制，只印汉语文字，另印少数民族语言文字对照表，与选举票或者表决票同时发给少数民族代表，以便对照写票。

十五、大会全体会议进行选举或者决定任命时，会场设秘密写票处。

十六、大会设监票人35名，由各代表团在不是候选人或被决定任命的人选的代表中推选。各省、自治区、直辖市代表团，香港、澳门特别行政区代表团，解放军和武警部队代表团，各推选1名。大会设总监票人2名，由主席团在监票人中指定。总监票人、监票人名单由主席团提交大会全体会议决定。总监票人和监票人在主席团领导下，对发票、投票、计票工作进行监督。

计票工作人员由大会秘书处指定。

十七、会场设票箱28个，不设流动票箱；代表须到指定的票箱投票，不得委托他人投票。

十八、投票时，总监票人、监票人先投票，然后其他代表依次投票。

十九、投票结束后，由总监票人报告投票结果，由大会执行主席宣布选举或者表决是否有效。

二十、计票结束后，由总监票人向大会执行主席报告选举或者表决的计票结果，由大会执行主席向大会宣布选举或者表决的结果。

二十一、本办法经第十四届全国人民代表大会第一次会议全体会议通过后施行。

第二节　其他与选举任免相关的工作规则

一、最高人民法院和地方各级人民法院助理审判员任免问题的决定

（1960年1月21日第二届全国人民代表大会常务委员会第十二次会议通过）

第二届全国人民代表大会常务委员会第十二次会议根据最高人民法院谢觉哉院长关于最高人民法院和地方各级人民法院助理审判员任免问题的建议，决定：最高人民法院助理审判员由最高人民法院任免；地方各级人民法院助理审判员由本级人民法院任免。

二、第七届全国人民代表大会第一次会议通过议案和第七届全国人民代表大会各专门委员会组成人员人选办法

（1988年3月25日第七届全国人民代表大会第一次会议通过）

根据《中华人民共和国宪法》和《中华人民共和国全国人民代表大会组织法》的规定，第七届全国人民代表大会第一次会议通过议案和通过第七届全国人民代表大会各专门委员会组成人

员的人选，采用举手表决的方式，以全体代表过半数通过；通过宪法修正案采用无记名投票的方式，以全体代表三分之二以上的多数票通过。

三、第八届全国人民代表大会第一次会议通过第八届全国人民代表大会各专门委员会组成人员人选办法

（1993 年 3 月 15 日第八届全国人民代表大会第一次会议通过）

根据《中华人民共和国全国人民代表大会组织法》的规定，第八届全国人民代表大会各专门委员会的主任委员、副主任委员和委员的人选，由主席团在代表中提名，大会通过。本次会议通过第八届全国人民代表大会各专门委员会组成人员的人选，采用按表决器的方式，分别对每个专门委员会整个名单合并表决，由全体代表的过半数通过。如表决器在使用中临时发生故障，改用举手表决的方式。

根据大会期间审议法律案、审查国民经济和社会发展计划、审查国家预算的需要，本次会议在三月十六日举行的第二次全体会议上，先通过第八届全国人民代表大会法律委员会和第八届全国人民代表大会财政经济委员会组成人员的人选，其他专门委员会组成人员的人选在本次会议的后期通过。

四、第九届全国人民代表大会各专门委员会组成人员人选办法

（1998 年 3 月 6 日第九届全国人民代表大会第一次会议通过）

根据《中华人民共和国全国人民代表大会组织法》的规定，第九届全国人民代表大会各专门委员会主任委员、副主任委员、

委员的人选，由主席团在代表中提名，大会通过。本次会议通过第九届全国人民代表大会各专门委员会组成人员的人选，采用按表决器的方式，分别对每个专门委员会整个名单合并表决，由全体代表的过半数通过。如表决器在使用中临时发生故障，改用举手表决的方式。

根据大会期间审查国民经济和社会发展计划、审查中央和地方预算的需要，本次会议先通过第九届全国人民代表大会财政经济委员会组成人员的人选，其他专门委员会组成人员的人选在本次会议的后期通过。

五、第九届全国人民代表大会第一次会议关于设立第九届全国人民代表大会专门委员会的决定

（1998 年 3 月 6 日第九届全国人民代表大会第一次会议通过）

第九届全国人民代表大会第一次会议根据《中华人民共和国宪法》第七十条的规定，决定第九届全国人民代表大会设立民族委员会、法律委员会、内务司法委员会、财政经济委员会、教育科学文化卫生委员会、外事委员会、华侨委员会、环境与资源保护委员会、农业与农村委员会。

六、第十届全国人民代表大会第一次会议关于第十届全国人民代表大会各专门委员会组成人员人选的表决办法

（2003 年 3 月 6 日第十届全国人民代表大会第一次会议通过）

根据《中华人民共和国全国人民代表大会组织法》的规定，第十届全国人民代表大会各专门委员会由主任委员、副主任委员

若干人、委员若干人组成。其组成人员的人选，由主席团在代表中提名，大会通过。

第十届全国人民代表大会第一次会议通过第十届全国人民代表大会各专门委员会组成人员的人选，采用按表决器方式，分别对每个专门委员会整个名单合并表决，以全体代表的过半数通过。如表决器在使用中发生故障，改用举手方式表决。

七、第十一届全国人民代表大会第一次会议表决第十一届全国人民代表大会各专门委员会主任委员、副主任委员、委员人选的办法

（2008年3月5日第十一届全国人民代表大会第一次会议通过）

根据《中华人民共和国宪法》和有关法律的规定，制定本次会议表决第十一届全国人民代表大会各专门委员会主任委员、副主任委员、委员人选的办法。

一、第十一届全国人民代表大会设立民族委员会、法律委员会、内务司法委员会、财政经济委员会、教育科学文化卫生委员会、外事委员会、华侨委员会、环境与资源保护委员会、农业与农村委员会等九个专门委员会。各专门委员会由主任委员、副主任委员若干人、委员若干人组成。

二、各专门委员会主任委员、副主任委员、委员的人选，由主席团在代表中提名，经各代表团酝酿后，提请全体会议表决。

三、全体会议对各专门委员会主任委员、副主任委员、委员的人选名单依次合并表决，采用无记名按表决器方式进行。表决时，代表可以表示赞成，可以表示反对，也可以表示弃权，未按表决器的不计人表决票数。如表决器在使用中发生故障，改用举手方式表决。

各专门委员会主任委员、副主任委员、委员的人选名单获得全体代表过半数赞成，始得通过。

表决结束后，由大会执行主席宣布表决结果。

四、表决分别在两次全体会议上进行：

3 月 5 日举行的开幕会：表决第十一届全国人民代表大会财政经济委员会主任委员、副主任委员、委员的人选。

3 月 17 日举行的第七次全体会议：表决第十一届全国人民代表大会民族委员会、法律委员会、内务司法委员会、教育科学文化卫生委员会、外事委员会、华侨委员会、环境与资源保护委员会、农业与农村委员会主任委员、副主任委员、委员的人选。

五、本办法经第十一届全国人民代表大会第一次会议全体会议通过后施行。

八、第十二届全国人民代表大会第一次会议关于第十二届全国人民代表大会专门委员会的设立及其主任委员、副主任委员、委员人选的表决办法

(2013 年 3 月 5 日第十二届全国人民代表大会第一次会议通过)

根据《中华人民共和国宪法》和有关法律的规定，制定第十二届全国人民代表大会第一次会议关于第十二届全国人民代表大会专门委员会的设立及其主任委员、副主任委员、委员人选的表决办法。

一、第十二届全国人民代表大会设立民族委员会、法律委员会、内务司法委员会、财政经济委员会、教育科学文化卫生委员会、外事委员会、华侨委员会、环境与资源保护委员会、农业与农村委员会等九个专门委员会。各专门委员会由主任委员、副主任委员若干人、委员若干人组成。

二、各专门委员会主任委员、副主任委员、委员的人选，由主席团在代表中提名，经各代表团酝酿后，提请全体会议表决。

三、全体会议对各专门委员会主任委员、副主任委员、委员的人选名单依次合并表决，采用无记名按表决器方式进行。表决时，代表可以表示赞成，可以表示反对，也可以表示弃权。未按表决器的不计入表决票数。如表决系统在使用中发生故障，改用举手方式表决。

各专门委员会主任委员、副主任委员、委员的人选名单获得全体代表过半数赞成票，始得通过。

表决结束后，由大会执行主席宣布表决结果。

四、表决分别在两次全体会议上进行：

3 月 5 日的开幕会：表决第十二届全国人民代表大会财政经济委员会主任委员、副主任委员、委员的人选。

3 月 16 日的第六次全体会议：表决第十二届全国人民代表大会民族委员会、法律委员会、内务司法委员会、教育科学文化卫生委员会、外事委员会、华侨委员会、环境与资源保护委员会、农业与农村委员会主任委员、副主任委员、委员的人选。

五、本办法经第十二届全国人民代表大会第一次会议全体会议通过后施行。

九、第十三届全国人民代表大会第一次会议关于第十三届全国人民代表大会专门委员会主任委员、副主任委员、委员人选的表决办法

（2018 年 3 月 13 日第十三届全国人民代表大会第一次会议通过）

根据《中华人民共和国宪法》和有关法律的规定，制定第

十三届全国人民代表大会第一次会议关于第十三届全国人民代表大会专门委员会主任委员、副主任委员、委员人选的表决办法。

一、第十三届全国人民代表大会专门委员会由主任委员、副主任委员若干人、委员若干人组成。其组成人员的人选，由主席团在代表中提名，经各代表团酝酿后，提请全体会议表决。

二、全体会议对专门委员会主任委员、副主任委员、委员的人选名单依次合并表决，采用无记名按表决器方式进行。表决时，代表可以表示赞成，可以表示反对，也可以表示弃权。未按表决器的不计入表决票数。如表决器系统在使用中发生故障，改用举手方式表决。

专门委员会主任委员、副主任委员、委员的人选名单获得全体代表过半数赞成票，始得通过。

表决结束后，由大会执行主席宣布表决结果。

三、表决分别在两次全体会议上进行：

3 月 13 日举行的第四次全体会议：表决第十三届全国人民代表大会宪法和法律委员会、财政经济委员会主任委员、副主任委员、委员的人选。

3 月 19 日举行的第七次全体会议：表决第十三届全国人民代表大会民族委员会、监察和司法委员会、教育科学文化卫生委员会、外事委员会、华侨委员会、环境与资源保护委员会、农业与农村委员会、社会建设委员会主任委员、副主任委员、委员的人选。

四、本办法经第十三届全国人民代表大会第一次会议全体会议通过后施行。

十、第十四届全国人民代表大会第一次会议关于设立第十四届全国人民代表大会专门委员会的决定

（2023 年 3 月 5 日第十四届全国人民代表大会第一次会议通过）

根据《中华人民共和国宪法》和有关法律的规定，第十四届全国人民代表大会第一次会议决定：第十四届全国人民代表大会设立民族委员会、宪法和法律委员会、监察和司法委员会、财政经济委员会、教育科学文化卫生委员会、外事委员会、华侨委员会、环境与资源保护委员会、农业与农村委员会、社会建设委员会。

十一、第十四届全国人民代表大会第一次会议关于第十四届全国人民代表大会专门委员会主任委员、副主任委员、委员人选的表决办法

（2023 年 3 月 5 日第十四届全国人民代表大会第一次会议通过）

根据《中华人民共和国宪法》和有关法律的规定，制定第十四届全国人民代表大会第一次会议关于第十四届全国人民代表大会专门委员会主任委员、副主任委员、委员人选的表决办法。

一、第十四届全国人民代表大会专门委员会由主任委员、副主任委员若干人、委员若干人组成。其组成人员的人选，由主席团在代表中提名，经各代表团酝酿后，提请全体会议表决。

二、全体会议对专门委员会主任委员、副主任委员、委员的人选名单依次合并表决，采用无记名按表决器方式进行。表决时，代表可以表示赞成，可以表示反对，也可以表示弃权。如表决器系统在使用中发生故障，改用举手方式表决。

专门委员会主任委员、副主任委员、委员的人选名单获得全体代表过半数赞成票，始得通过。

表决结束后，由大会执行主席宣布表决结果。

三、表决分别在两次全体会议上进行：

3 月 5 日举行的第一次全体会议：表决第十四届全国人民代表大会宪法和法律委员会、财政经济委员会主任委员、副主任委员、委员的人选。

3 月 12 日举行的第五次全体会议：表决第十四届全国人民代表大会民族委员会、监察和司法委员会、教育科学文化卫生委员会、外事委员会、华侨委员会、环境与资源保护委员会、农业与农村委员会、社会建设委员会主任委员、副主任委员、委员的人选。

四、本办法经第十四届全国人民代表大会第一次会议全体会议通过后施行。

参考文献

[1] 王汉斌主编：《人民代表大会制度文献集成》第一卷，中国民主法制出版社 2016 年版。

[2] 全国人民代表大会常务委员会办公厅编：《全国人民代表大会及其常务委员会大事记（1954—2014）》，中国民主法制出版社 2014 年版。

[3] 刘政、于友民、程湘清主编：《人民代表大会工作全书（1949—1996）》，中国法制出版社 1999 年版。

[4] 中国人大网，http：//www. npc. gov. cn/。

[5]《中华人民共和国国务院公报》。

后记

作为国家出版基金项目“中国特色社会主义根本政治制度——人民代表大会制度纪实”中的一本，《人大选举和任免工作纪实》旨在为广大读者提供关于人大选举和任免工作的详尽、准确、便捷的知识查询服务。

在编写过程中，我们本着严谨细致的工作态度，广泛收集资料，严格筛选内容，精心设计架构，力图使每一章、每一节的内容都全面详尽，从而为读者提供一部结构合理、内容丰富、信息准确的工具书。同时，我们还非常注重本书的实用性和可读性，合理分类和编排，以帮助读者快速找到所需信息、获取所需知识。

需要特别指出的是，为了更好地保存原始资料，也更方便读者查询，原为本书第五章、第六章主要内容的“全国人民代表大会及其常务委员会历届历次选举任免名单”统一收入“人民代表大会制度纪实”数据库。

项目推进过程中，我们得到了许多专家、学者及同仁的支持与帮助。他们提出了宝贵的意见和建议，帮助我们解决了许多棘手的问题。北京联合大学应用文理学院的王婷同学，协助我们做了大量的原始材料收集整理工作。在此，我们向这些无私的奉献者表示最衷心的感谢；同时也要感谢出版社的领导和编辑，他们的专业素养和敬业精神保证了本书的高质量出版。

由于时间和资源所限，本书难免存在疏漏和不足。真诚欢迎各位读者提出宝贵意见，以便我们在未来的修订中加以改进和完善。

丛书后记

我国的人民代表大会制度，是中国共产党领导人民在长期革命斗争中创造的一种新的政权组织形式。1949 年 9 月 29 日，中国人民政治协商会议第一届全体会议通过的《中国人民政治协商会议共同纲领》提出：“中华人民共和国的国家政权属于人民。人民行使国家政权的机关为各级人民代表大会和各级人民政府。”人民代表大会制度由此确定。1949 年至 1954 年 8 月，从中国人民政治协商会议和地方各界人民代表会议向各级人民代表大会过渡。1954 年 9 月，第一届全国人民代表大会第一次会议召开，我国人民代表大会制度建立。至今，人民代表大会制度走过了 70 年，回顾这 70 年历程，从 1954 年到 1966 年人民代表大会制度全面确立并曲折发展；“文化大革命”的 10 年，人民代表大会制度遭受严重破坏；从粉碎“四人帮”特别是党的十一届三中全会开始，人民代表大会制度得到恢复和进一步健全，人大工作取得重大进展。党的十八大以来，我们党立足新的历史方位，深刻把握我国社会主要矛盾发生的新变化，积极回应人民群众对民主法治的新要求新期盼，着力推进国家治理体系和治理能力现代化，健全人民当家作主制度体系，加强基层政权建设，改进人大代表工作，人大工作取得历史性成就，人民代表大会制度更加成熟、更加定型。

《中国特色社会主义根本政治制度——人民代表大会制度纪实》丛书，则是尽可能通过整理历史文献的方式，记录和展现人民代表大会制度确立、曲折发展、不断健全、逐步成熟、完善定型的制度发展和人大工作全貌。项目实施过程，是回顾中国特色社会主义根本政治制度逐渐完善的过程，是汇集70年来历代人大工作者工作成就和艰辛探索的过程。同时，也是编写团队记录、整理、学习，以及勤奋耕耘的过程。该丛书具体构成和分工如下：

《人民代表大会制度引论》，万其刚著；《人民代表大会制度发展历程》，万其刚著；《人大选举制度和任免制度》，徐丛华著；《人大立法制度》，主编：张生，副主编：刘舟祺、邹亚莎、罗冠男；《人大代表工作制度》，章林、李跃乾、刘福军、王仰飞编著；《人大讨论决定重大事项制度》，任佩文、吴克非、王亚楠编著；《人大监督制度》，吉卫国著；《人大会议制度》，陈家刚、蔡金花、隋斌斌著；《人大对外交往工作》，王柱国、陈佳美思、庞明、刘亚宁编著；《人大自身建设》，唐亮、万恒易、梁明编著；《人大选举和任免工作纪实》，主编：任佩文，副主编：王亚楠；《人大代表工作纪实》，主编：任佩文，副主编：吴克非；《人大会议工作纪实（目录）》，主编：李正斌，副主编：高嵩；《人大立法工作纪实（目录）》，主编：曾庆辉，副主编：邱晶；《人大监督工作纪实（目录）》，主编：曾庆辉，副主编：邱晶。

上述作者分别来自全国人大、北京市人大、安徽省人大、兰州市人大、人民代表报、中国社会科学院法学所、北京联合大学、西安交通大学、西北师范大学、江西师范大学、中共广东省委党校等单位，既有一直从事人大制度研究的学者，也有长期从事人大工作的实务工作者。

限于出版篇幅，丛书暂未收录地方人大相关文献；同时，适应出版新形态的需要，部分工作纪实将目录纸质出版，具体内容同步以数据库方式出版。参与数据库编纂工作的人员有杨积堂、周小华、王维国、崔英楠、曾庆辉、邱晶、李正斌、高嚣、王柱国、陈佳美思、庞明、刘亚宁、任佩文、吴克非、王亚楠、刘宇、周悦、曹倩、赵树荣、姜素兰、王岩、魏启秀、沙作金、马磊、张新勇、李少军、喻思敏、钟志龙、王婷、邱纪贤、钮红然、祝蓉、陈敏、杨世禹、常晓璐、周义、王乔松、梅润生、杨娇、周鹏、李俊、杨蕙铭、徐博智、于淼、陈东红、冯兆惠、石亚楠等同志。丛书由杨积堂和吴高盛担任执行总主编并负责统稿。

“中国特色社会主义根本政治制度——人民代表大会制度纪实”是所有参与人员努力协作的成果，由于时间跨度大，内容交叉多，为了尽可能反映 70 年来人大工作的全貌，各部分作者之间反复进行沟通、协调，力求内容准确全面，同时尽可能避免重复。在编写过程中，每一位作者、编辑都倾尽全力，以高度的责任感和使命感投入工作，翻阅了大量文献资料，进行了深入研究与探讨。虽然我们已竭尽全力，但深知丛书一定存在不足之处，我们期待着读者的反馈与建议，以便在未来不断改进和完善。

在丛书即将出版之际，我们要特别感谢全国人大图书馆为文献查阅提供的帮助和支持，感谢北京联合大学人民代表大会制度研究所从选题策划到最终编写全过程给予的大力支持。中国民主法制出版社刘海涛社长、贾兵伟副总经理带领团队，对丛书编写、审读、编辑、出版的每一个环节给予严谨的指导和热忱的帮助，责任编辑张霞、负责数据库开发的翟锦严谨、敬业，在此一并表达敬意和感谢。

习近平总书记强调：“人民代表大会制度，坚持中国共产党领导，坚持马克思主义国家学说的基本原则，适应人民民主专政的国体，有效保证国家沿着社会主义道路前进。人民代表大会制度，坚持国家一切权力属于人民，最大限度保障人民当家作主，把党的领导、人民当家作主、依法治国有机统一起来，有效保证国家治理跳出治乱兴衰的历史周期率。人民代表大会制度，正确处理事关国家前途命运的一系列重大政治关系，实现国家统一高效组织各项事业，维护国家统一和民族团结，有效保证国家政治生活既充满活力又安定有序。”值此全国人民代表大会成立70周年之际，我们希望这套丛书能够为人民代表大会制度研究和实务工作的更好开展尽绵薄之力，把国家根本政治制度坚持好、完善好、运行好、宣传好，努力开创人大工作新局面。

编　者